歴史文化ライブラリー
292

〈近代沖縄〉の知識人

島袋全発の軌跡

屋嘉比 収

目　次

1　沖縄学の群像

沖縄学の群像――プロローグ

知識人たちの近現代史

沖縄びとは、近代沖縄ならびに沖縄戦、さらに米軍占領下という、文字通りの過酷な沖縄近現代史をどのように生きてきたのであろうか。とりわけ、自ら生まれ育った沖縄文化や歴史、民族（民俗）文化を論じた、いわゆる知識人としての郷土史家たちは沖縄の中でどのように考え、生活しながら生を全うしたのであろうか。

言うまでもなく、近現代の沖縄の歴史は決して平坦なものではなく、多くの曲折を経て波乱に富んだ軌跡をたどった。それについては、本書でふれる沖縄近現代史の中で時系列的に起こった、次に示す思想史的な事件や出来事を一瞥するだけでも首肯いただけるのではなかろうか。

たとえば、一八七九年（明治十二）の琉球処分による琉球王国の解体と日本国への併合。日清戦争勝利以後における生活レベルまで含めた本格的な同化（大和化＝文明化、近代化）政策の強要。一九〇三年（明治三十六）の日本国民による沖縄観を象徴的に表した学術人類館事件。一一年（明治四十四）の忠君愛国や国家主義に対する沖縄の新旧思潮の対立を浮き彫りにした河上肇《かわかみはじめ》舌禍事件。大正期後半以降の大正デモクラシーの浸透と昭和初期における経済不況のソテツ地獄下による沖縄から南洋への移民出稼ぎ。柳田国男《やなぎたくにお》による沖縄の「再発見」と伊波普猷《いはふゆう》に代表される郷土史家の沖縄からの脱出。柳田の南島研究の影響を受けた沖縄の中での郷土研究の進展。沖縄方言論争にみられる総動員体制期以降の沖縄の言論状況。戦時下の状況と沖縄戦の惨劇。戦後初期の米軍占領下の沖縄の苦悩、などがあげられる。

だが沖縄の郷土史家の中で、そのような波乱に満ちた沖縄の近現代史の大半を、沖縄のなかで生活しながら、生を全うした人物は思いのほか少ない。本書で取りあげる島袋全発《しまぶくろぜんぱつ》は、その数少ない人物の一人である。本書は、島袋全発の生涯の軌跡を考察することで、先にあげた波乱に満ちた沖縄近現代史の一端を明らかにしようとする試みである。

ところで、郷土史家・島袋全発を含む「沖縄学の群像」（鹿野政直）と称される陣容は多彩であり、専攻領域も多岐にわたっている。まずは、資料としてあげた「沖縄学の群

表　「沖縄学の群像」(明治期～昭和戦前期)

(1)	**近代沖縄初期の言論人**			
○	太田　朝敷	〔1865年（尚泰18）～1938年（昭和13)〕	享年73歳	言論
○	謝花　　昇	〔1865年（尚泰18）～1908年（明治41)〕	享年43歳	言論
(2)	**沖縄学第一世代**			
◎	伊波　普猷	〔1876年（尚泰29）～1947年（昭和22)〕	享年71歳	文学歴史
◎	真境名安興	〔1875年（尚泰28）～1933年（昭和８)〕	享年58歳	歴史
◎	東恩納寛惇	〔1882年（明治15）～1963年（昭和38)〕	享年80歳	歴史
(3)	**沖縄学第二世代／本土在**			
◎	比嘉　春潮	〔1883年（明治16）～1977年（昭和52)〕	享年94歳	歴史民俗
◎	仲原　善忠	〔1890年（明治23）～1964年（昭和39)〕	享年74歳	文学歴史
◎	金城　朝永	〔1902年（明治35）～1955年（昭和30)〕	享年52歳	民俗歴史
	島袋　源七	〔1897年（明治30）～1953年（昭和28)〕	享年55歳	民俗
	島袋　盛敏	〔1890年（明治23）～1970年（昭和45)〕	享年79歳	文学民俗
◎	宮良　当壮	〔1893年（明治26）～1964年（昭和39)〕	享年70歳	言語
◎	佐喜真興英	〔1893年（明治26）～1925年（大正14)〕	享年31歳	民俗民族
(4)	**沖縄学第二世代／沖縄在**			
○	島袋　全発	〔1888年（明治21）～1953年（昭和28)〕	享年65歳	歴史民俗
	末吉麦門冬	〔1886年（明治19）～1924年（大正13)〕	享年38歳	民俗文学
	伊波　月城	〔1880年（明治13）～1945年（昭和20)〕	享年64歳	言論文学
	山城　翠香	〔1882年（明治15）～1919年（大正９)〕	享年37歳	言論文学
	島袋源一郎	〔1885年（明治18）～1942年（昭和17)〕	享年56歳	歴史民俗
	宮城　真治	〔1883年（明治16）～1956年（昭和31)〕	享年72歳	民俗歴史
	喜舎場永珣	〔1885年（明治18）～1972年（昭和47)〕	享年86歳	民俗歴史
○	世礼　国男	〔1897年（明治30）～1950年（昭和25)〕	享年52歳	文学芸能
	源　　武雄	〔1904年（明治37）～1992年（平成４)〕	享年88歳	民俗
○	小野　重郎	〔1911年（明治44）～1995年（平成７)〕	享年84歳	文学民俗
	鳥越憲三郎	〔1914年（大正３）～2007年（平成19)〕	享年93歳	宗教民俗
(5)	**南島沖縄研究／台湾在**			
	比嘉　盛章	〔1885年（明治18）～1946年（昭和21)〕	享年71歳	言語民俗
	川平　朝申	〔1909年（明治42）～1998年（平成10)〕	享年89歳	民俗歴史
	須藤　利一	〔1901年（明治34）～1975年（昭和50)〕	享年74歳	民俗歴史
	金関　丈夫	〔1897年（明治30）～1983年（昭和58)〕	享年86歳	人類学

注◎は全集，○は著作集，選集の刊行あり

像」（明治期〜昭和戦前期）の一覧表をご覧いただきたい。これは、「沖縄学の群像」として各時代を代表者する主要な人物を一覧にまとめたものである。

この一覧では「沖縄学の群像」の最初として、「近代沖縄初期の言論人」である太田《おおた》朝《ちょう》敷《ふ》、謝花昇《じゃはなのぼる》をあげている。彼らは、琉球王国時代の末期に生まれ育ち、琉球処分期に成長して最初の沖縄から日本への留学生として派遣された人物であり、彼らの言動は後の沖縄学の群像に少なからず影響を与えた。二人は後に言論活動において敵対関係となるが、その全容について前者の言論は比屋根《ひやね》照夫《てるお》・伊佐眞一編『太田朝敷選集　全三巻』（第一書房）、後者については伊佐眞一『謝花昇集』（みすず書房）に収録されている。両者とも全集ではないが、現在確認できた著作目録、年譜作成を含めた両著作集の刊行によって基礎資料の整備がなされている。

次に、「沖縄学第一世代」として沖縄学を代表する人物として知られている伊波普猷、東恩納《ひがしおんな》寛惇《かんじゅん》、真境名《まじきな》安興《あんこう》の三人をあげている。いずれも沖縄学を代表する著名な研究者として基礎資料である全集――『伊波普猷全集　全十一巻』（平凡社）、『東恩納寛惇全集　全十巻』（第一書房）、『真境名安興全集　全四巻』（琉球新報社）が刊行されており、その全体像が把握できるようになっている。

そして、その第一世代から多くの影響を受けた第二世代としてあげたのは、以下の三グループに属する郷土研究者たちである。

第一の「本土在住」の郷土研究者たちは、大正後期から昭和初期に沖縄から日本本土へ転居していった比嘉《ひが》春潮《しゅんちょう》や金城《きんじょう》朝永《ちょうえい》らに代表される人たちである。特に彼らは伊波普猷や柳田国男の圧倒的な影響下にあり、伊波の沖縄研究に学び、柳田が東京で主宰した南島談話会に参画した郷土研究者たちである。

第二の「沖縄在住」の郷土研究者たちは、沖縄の中で生活しながら郷土研究を続けた島袋全発や末吉《すえよし》麦門冬《ばくもんとう》らである。伊波の沖縄研究や柳田の南島研究に影響を受けつつも、沖縄で起こる現実に対処しながらその歴史、民俗文化を研究した郷土研究者たちである。

第三は「台湾在住」の沖縄の郷土研究者たちで、比嘉《ひが》盛章《せいしょう》や川平《かびら》朝申《ちょうしん》らに代表される人たちである。彼らは昭和初期に沖縄から台湾に移り、在台湾の日本人研究者たちからの影響を受けながら、南島研究に取り組んだ郷土研究者たちである。

以上の三グループに区分けされる沖縄出身の第二世代の郷土研究者たちは、大正期や昭和戦前期の沖縄研究や南島研究に従事し推進させたが、各々の立ち位置、その研究内容や志向性において多くの違いが指摘できる。

他方、沖縄学第一世代と第二世代との違いについてみてみると、第一世代とは異なり、第二世代のとくに「沖縄在住」と「台湾在住」の郷土研究者における基礎資料の未整備状

図１　島袋全発（『島袋全発著作集』おきなわ社，1956年）

況が明らかに浮かび上がってくる。第一世代と第二世代の本土在住の多くの郷土研究者たちにおいては、すでに著作目録、年譜作成を含めた全集や著作集が刊行されているが、第二世代の沖縄在住や台湾在住の郷土研究者たちの基礎資料はいまだ未整備のままであり、まずはその整備が急がれよう。

視座としての島袋全発

本書で扱う沖縄在住の島袋全発についても遺族の手により戦後に著作集が刊行されているが、そこに収録されているのは戦後に発表した十点の論考だけであり、戦前期に書いた多くの論考や短歌についてはまったくの未収録という情況である。そのため、島袋全発の生涯を論じるにおいても、まずは明治期から大正期、昭和戦前期に全発が書いた論考を複数の地元新聞や多くの雑誌類にあたり、著作目録や年譜の作成から作業をはじめざるをえなかった。それによって現在で確認できた文章は（短歌は除いて）、少なくとも百三十点以上を数えている。それから確認できるように、論考の大部分は戦前期に書かれた文章が中心であって、戦後の論文を収録した著作集が刊行されているとはいえ、いかに基礎資料が未整備な状態にあるかがわかる。全発を含む沖縄学第二世代の郷土研究者たちの研究は、まずはその著作目録や年譜作成を含めた基礎資料の整備からはじめることが緊要となろう。

本書では、現在確認できている島袋全発の論考や短歌を分析しながら、沖縄近現代史を生きぬいた沖縄学の第二世代の郷土史家である彼の生涯の軌跡について論じることで、沖縄近現代思想の歴史の一端を浮かび上がらせることにしたい。

まずは、島袋全発の人柄にふれることからはじめることにしよう。

人　柄

島袋全発（雅号・濤韻《とういん》、西幸夫）は、一九五三年（昭和二十八）十一月二十三日に肝臓ガンにより死去した。三ヵ月の病臥をへた後の死去で、享年六十五歳であった。

当時の地元版新聞四紙は、郷土史家・島袋全発の訃報を大きく報じている。とりわけ、全発が戦後に主筆として健筆を振るっていた『琉球新報』では死去の一報だけでなく、翌日の那覇市波之上《なみのうえ》の護国寺で行われた告別式の様子も写真入りで大きく掲載した。告別式では、数人による弔辞と二十一通の弔電が披露され、戦前に録音した故人の声が放送された。そして、全発の多彩な業績を偲び、劇作家の山里永吉《やまざとえいきち》をはじめとする知人友人ら約二百名余が最後の別れを惜しんだ。

その全発の告別式の模様を、十一月二十五日の『琉球新報』は「米国首席民政官」による遺族への弔辞文と、八重山出身の言語学者・宮良当壮《みやらとうそう》の沖縄初の「文学博士第一号」という記事にはさんで掲載している。偶然の所産であろうこの記事の配置は、彼の生涯を考えるときに思いのほか示唆的である。沖縄社会と学問の状況とを報じたこの記事の配置は、近現代の沖縄の歴史の中で一人の知識人として、そのはざまで生きざるをえなかった島袋全発の位置を、あたかも象徴しているかのようだ。

全発の生涯は、「学問」を大成する能力をもちながら、近代沖縄社会の中で生きざるをえなかったため、それだけに学問に一念することができず、「学問」と「沖縄社会」とのあいだを揺れつづけた。全発は、明治・大正・昭和戦前期の三代を生き、沖縄戦の惨劇を体験し、戦後沖縄の米軍占領初期の時代まで生きぬいた。琉球・沖縄の近代化の歴史過程を、多少の振幅をもちながらも、「教養の高い一市民」（東恩納寛惇）として、自らの歩幅で歩きとおした。

戦後沖縄初の短歌同人である九年母短歌会は、会誌『九年母』において、その一周忌に「慈父に対する敬慕の念」（松田守夫）として抱いていた島袋全発を追悼し、「西幸夫（筆名）特集号（第一巻八号）」を編集している。本論に入る前に、その特集号に記された島袋全発の人物評に関するいくつかの断片を綴ることにより、彼の人柄の一端をみてみたいと思う。

全発は、ものの考え方、話し方、文章においても、偏りがなく、極端なことや奇抜なことを言わない「危なげのない人」であった。材にたとえると、木目も木肌もそれほど美しくはないが、木目に無理のない「朴の木」で「毒気のない人」であった。

（歴史家・東恩納寛惇）

全発は、沖縄人離れした、大人の重厚な風格をそなえ無口で名利に恬淡、人と争うことを好まない愛飲家の好々爺《こうこうや》であった。

（俳人・原田紅梯梧《はらだべにでいご》）

全発の一生は、極端に走らない中庸的な穏健な性格により、「甚だしきをなさざる人」であった。また、社会的にも芸術的にも学問的にも新奇に走らず、絶えず地道な向上の過程を歩み続け、晩年まで一貫していた。

（教育者・山田有功《やまだゆうこう》）

これらの人物評の断片から、温和で常識的であった島袋全発の人柄が浮かび上がってくる。その断片は、沖縄近現代史の渦のなかで沖縄社会とともに生きざるをえなかった全発の生涯の一面を表している。と同時に、その全発の生涯は、近代沖縄に生きる知識人である郷土研究者の断面をも表している。

略　歴

次に、濤韻・島袋全発の略歴を列記してみよう。

全発は、一八八八年（明治二十一）五月二十八日、那覇西村で、父・全種《ぜんしゅ》と母・マカトの長男として生まれる。那覇尋常高等小学校、沖縄県立中学校を卒業し、上京して一時早稲田大学に在学するが、一九〇七年（明治四十）に鹿児島県の第七高等学校造士館に入学。卒業後、京都帝国大学法科大学に入学し、一四年（大正三）六月に卒業。翌年四月に帰郷し、『沖縄毎日新聞』記者を経て、那覇区役所書記となり、那覇区立商業学校教諭嘱託を兼任する。その後那覇区総務課長となるが、「政治上の経緯」から辞任し、二三年（大正十二）に那覇市立実科高等女学校校長に就任。引き続き市立高等女学校、県立第二高等女学校の校長を歴任し女子教育に尽力する。そのかたわら、南島研究会やおもろ研究会を組織し、郷土研究に沈潜する。

一九三五年（昭和十）、伊波普猷、真境名安興の後を受け、第三代目の沖縄県立図書館長に就任。四〇年（昭和十五）四月、方言論争の余波をこうむり図書館長を退職。その後、私立開南中学校教諭となり、四二年（昭和十七）六月には泊地区の推薦により那覇市会議員に当選する。沖縄戦が激しくなると、夫人とともに沖縄本島国頭《くにがみ》郡久志《くし》村に疎開。沖縄戦の惨劇を体験。終戦直後は、銀原《ぎんばる》収容所に設置された金《き》武《ん》村中川学校で教鞭をとる。

一九四六年（昭和二十一）、沖縄民政府知事・志喜屋孝信《しきやこうしん》の要請により官房長に就任。四九年（昭和二十四）に商工部長。翌年、沖縄群島政府の発足を機に退官。五一年（昭和二十六）、『琉球新報』の編集局長兼主筆となり、全琉球遺家族会初代会長、琉球文化財保護会長などを歴任し、五三年に死去。

このように、略歴を概観しただけでも、全発の活動や業績が多岐にわたり紆余《うよ》曲折《きょくせつ》していることがうかがえよう。その多彩な活動と並行して、全発は近代沖縄の言論人の中でもきわめて長い期間にわたり、自らの考えや意見を地元新聞や雑誌で発表した人物である。

　これまで島袋全発の年譜に関しては、『島袋全発著作集』（一九五六年）に収録された義弟の富名《ふな》腰《こし》尚友《しょうゆう》の作成による「島袋全発年譜」と、それを「下じき」にして令弟の島袋《しまぶくろ》全幸《ぜんこう》が訂正省略と「若干の補筆」を行った「略年譜」（『沖縄童謡集』東洋文庫、一九七二年に収録）が基本になっている。前者は、全発のその時々のエピソードを含め多くの情報量が入っているが、年月日や事実の誤記の訂正が少なくない。しかし、その「年譜」作成に多く寄与したと思われる短歌誌『九年母』（九年母短歌会、一九五四年）などと照らし合わせてみるとわかるように、この年譜には全発の人物像を考えるにあたり欠くことのできない豊かな情報が数多く含まれている。また後者は、エピソードなどをほとんど省略し、事実性を重要視して年月日の訂正を中心に補筆され作成されている。しかし、前者の記述をほぼ下敷きにしているために年月日や事実性においても、いくつかの誤記の訂正がみられる。

　これまで島袋全発の「経歴」に関して管見に入ったのは、たとえば東恩納寛惇（『同全集八巻・九巻』）、比嘉春潮（『同全集四巻・五巻』）、源《みなもと》武雄《たけお》（『沖縄の教育風土記』）、仲程昌徳（『沖縄近代史辞典』）、比屋根照夫（『沖縄大百科事典』）、山下欣一（『薩琉文化』四五号）などによる記述であるが、ほとんど両者の「年譜」を基盤としている。この著作では、労作である両「年譜」ならびに先行研究の恩恵にあずかりながらも、島袋全発の経歴について、いくつかの訂正や多くの新たな事実の補筆をしたいと考えている。

知識人・全発の誕生

文明開化から植民地時代へ

幼少時代から第七高造士館時代まで

幼少時代

義弟の富名腰尚友《ふなこししょうゆう》の年譜によると、幼少の頃の島袋全発は祖父・全宜《ぜんぎ》にともなわれて学校に行くことを好み、教室の窓外から授業を見て学業に関心を寄せた。そして教師が、その全発の熱心さを認めて、一八九四年（明治二十七）に六歳で小学校に入学した、とある。

ところが、全発が『那覇市尋常《じんじょう》高等小学校開校四十年記念誌』（昭和三年）に書いた「開校前後の那覇教育事情並に其後の重要記事」の記述によれば、九四年三月の季節風で校舎が倒壊したため、二年生は上《かみ》ノ天妃《てんぴ》の仮教室で授業することになり、自分もそこに通った、という記述がある。このように全発の那覇尋常高等小学校への入学年度に関しては二通りの記述がありはっきりしない。しかし、それらの記述から当時十二、三歳以上の少年・青年たちも入学していた小学校に、六歳前後で入学した全発がきわめて早熟で優秀な生徒であったことだけはうかがえよう。

断髪物語

全発の小学校時代において、もっとも印象深いできごとの一つは、「断《だん》髪《ぱつ》」に関してであった。当時沖縄では、かつて琉球王国の時代に交流した国々の髪型の風俗の違いとして「唐や平組（ふいらぐん）。大和は、かんぷー。さらば、沖縄や、片髪（かたかしら）。（支那は辮髪《べんぱつ》。日本は丁髷《ちょんまげ》。されば沖縄は片かしら）」という寸言《すんげん》が歌われていた（島袋全発『沖縄童謡集』）。

断髪については、西欧列強が東アジアへ侵攻した以後に、東アジアの各地域のなかで文明化や近代化という名において、展開された事実が明らかになっている。中国や朝鮮半島では権力による強制的側面が強く、日本では文明化を受け入れる人びとの自発的側面が強いと指摘されている。日本では文明開化の掛け声のもとで明治四年に断髪令が施行された後、断髪後の「散切《ざんぎ》り頭を叩けば文明開化の音がする」との戯言が示唆しているように、その当時の文明化や近代化の文脈において、人々の中で断髪が自発的になされたことを示している（劉《りゅう》香《か》織《おり》『断髪』）。

新聞雑誌によると、一八七一年（明治四）の断髪令が出された二年後の日本では、地域でばらつきがあるとはいえ、蓄髪者に税金をかけたため滋賀県下で十人に八、九人は断髪となり、悉皆《しっかい》斬髪令を出した愛知県ではほぼ全員が断髪姿になったという。一方、朝鮮では九六年（明治二十九）に断髪令が出され、国王自らが断髪したが、喜ぶ者はほとんどなく、強制で断髪をしいられ泣き叫ぶ者も少なくなかった（『報知新聞』明治二十九年二月二日）。また「断髪令に加担したる罪を正す」との理由で、朝鮮人が在朝日本人を殺害する事件なども発生した（『東京日日新聞』明治二十九年二月十八日）。さらに清国では、一九一一年に断髪令が遅れて発令されたが、植民地台湾では日露戦争直前の一九〇二年（明治三十五）に、日本軍による「匪徒《ひと》大討伐」という平地漢族の武力抵抗の鎮圧完了によって、日本軍への恐怖から、台湾島民のなかで断髪者が増加した（『時事新聞』明治三十五年五月三十一日）。

沖縄での断髪は、中国や朝鮮半島での強制的側面と日本での自発的側面との状況の、いわば中間に位置し強制と自発性が混在する状況にあった。琉球処分以降の沖縄では、日本化（文明化）や近代化の推進を担った沖縄県庁や教育機関を中心とする親日派の開化党の人びとの間では断髪が自発的に行われたが、当時多数派を占めていた親清《しんしん》派である頑固党においては伝統的な髪型であるカタカシラへの固執が強く、断髪への拒否意識は強固であった。

沖縄では、一八八八年（明治二十一）の師範学校での断髪励行《れいこう》の推進によって、地方の

図2　カタカシラの明治時代の男性（那覇市歴史博物館提供）

図3　カラジとジーファーをした女性（那覇市歴史博物館提供）

小学校高等科においても波及し漸次、断髪が実行されていった。当時は、他人の勧誘に依らず自身の発意で断髪する小学児童もいれば、断髪者には嫁が来なかったこともあってやむをえず結髪のままにしている師範出身の訓導《くんどう》（教員）もいたという（『朝野《ちょうや》新聞』明治二十一年八月八日）。

九四年（明治二十七）頃の那覇では、男児はカタカシラにカンザシ二本、広袖の着物に前結びの装いであった。女児はウシンチー（ハカマの紐に挟み込むだけで帯を用いない着方）をしてまげを結って、カンザシ一本をさしていた。男性教員の多くは、和服にはかまをつけて、洋服を着けているのは少なく、女性教員は和服で、えび茶のアンドンはかま（形が行燈に似た袋はかま）はまだつけていなかった（『泊《とまり》誌《し》』）。

那覇尋常高等小学校でも、九五年（明治二十八）の日清戦争での日本の勝報を機に、校長が生徒たちに断髪励行を命じた。ところが、親清派の多かった当時の那覇では、父兄からの反発が強く、「坊主頭」はいたく冷侮され、断髪者はほんの少ししかいなかった。当時の那覇では、断髪した坊主頭姿が道を歩いていると、反発で石を投げられたこともあったという。しかし、校長のその命令により、わずか三ヵ月の間で当時の在籍者九百四十五人のうち七百九十九人が断髪して、残りの結髪者の多数は反対して中途退学をした。

その断髪の強制は、いろいろな「断髪哀話」をうみだした。学校で断髪を強行されたため家に帰ることができなかった者、家に帰った後に親から叱られ棒で叩かれた者、また当時の小学生には辻（遊郭）遊びをする年配の者や妻帯者もいたが、断髪したため許嫁《いいなずけ》の頑固党の父親に婚約を断られた者、そのため煩悶して悶死した者などがいたという。

前述の全発の文章によると、全発自身も、強制されたか、あるいは自発的に申し出たかについては覚えてないが、その時の担任によって学校で断髪が執行された。学校が終わった後、断髪されたマゲを百田紙《ももたがみ》（楮紙の一種で首里王府の公用紙に使用されていた）に包んで家にもって帰ると、今朝と一変した全発の坊主頭姿に、気の弱い祖母は「アキサミヨー

（大変なことになった）」と叫ぶなり、二、三日は床に臥せてしまった。その後島袋家では、「生きものの残骸」のような、カンザシのささった全発のマゲを大事に仏前に供えて香を焚いた、という。

このように、明治四年の「散髪脱刀随意令」に基づいた断髪励行は、日本本土よりも沖縄では明治国家による強制的側面がより一層強く、当時の首里《しゅり》・那覇の旧士族《しぞく》階層に大きな反発と衝撃をもたらした。しかし、親清派の旧士族層においても世代的な認識の違いがあったらしく、新人世代である全発は断髪に関して、後年の「断髪物語」（『沖縄朝日新聞』昭和五年八月四日〜八日）の中で次のように書いている。

沖縄における断髪令は内地における「廃刀令《はいとうれい》」と同じで、「四民《しみん》平等の文明風」により、一目でわかるように、士族平民の区別をなくす役割を果たした。

天下晴れての平等観、グリグリ頭に何の差別があろうぞ。

真に断髪頭は「新思想新時代の象徴」であった。

全発は、断髪について明治国家による強制的側面を批判するよりも、封建的因習を打破する沖縄の文明化、近代化過程のための通過儀礼としてとらえた。それは、沖縄の近代化や文明化に対する全発の認識の一端を表している。

断髪をした全発は、その後十三歳にして那覇尋常高等学科二年を修了し、すぐに沖縄県立中学校に入学する。

短歌、浪漫主義への関心

友人の山田有功《やまだゆうこう》によると、全発は在学中に、与謝野鉄幹《よさのてっかん》・晶子《あきこ》夫妻の『明星《みょうじょう》』からつよい影響を受け、同級生の漢那浪笛《かんなろうてき》（後に新聞記者・歌人となる）や山田の兄の山田有幹《ゆうかん》（後に社会運動家となる）らと文学グループを結成し、『新星』という蒟蒻《こんにゃく》版《ばん》による同人誌を発刊した（『九年母』西幸夫特集号、富名腰「年譜」）。『新星』は、沖縄での短歌同人誌のはしりだといわれている。全発は、友人との文学グループについては「文学趣味を有する友達が集って泡盛を飲んで恋を語ったり泣いたり憤慨したりした」と叙述しているが、同人誌に関しては次のように述べている。「その頃は『大星』という雑誌を蒟蒻版に刷って出して乳臭のとれぬ癖に文豪を気取ったものだ。たわいない戯れも併《しか》し今になって僕には非常に意味あるものとなった」（『沖縄毎日新聞』明治四十二年七月十三日）。

全発は、同人誌名を『大星』と記しているが、現物が確認されてないため、『新星』か『大星』かの判断については留保せざるをえない。ともあれ、全発が短歌や詩などの文学に興味をもつようになったのは、中学四年生の頃からであった。その頃から、濤韻《とういん》という雅号を使用するようになり、とくに短歌は、その後の全発の人生にとって、大きな生きる糧となった。歌人・濤韻や西幸夫（のちに筆名として使用）は、文字通り郷土史家・島袋全発の半身である。仲程昌徳によれば、一九一〇年（明治四十三）前後期になると、近代沖縄で標準語教育を受けた最初の世代である一八八〇年代以後に生まれた世代が、沖縄の文芸界を主導していった。彼らは、「新旧思想の衝突」期のオピニオン・リーダーとして活躍する「新青年たちの文学」として把握できるという（『新青年たちの文学』）。全発もその一人であった。

また全発は、伊波普猷の二番目の弟である普助《ふすけ》と同期で同じ文学グループの親しい仲間でもあった。中学時代に普助を介して、当時帝大生であった普猷やその弟の月城《げつじょう》（普《ふ》成《せい》）を紹介してもらい終生親しくなった。その頃、全発は伊波普猷から新約聖書の「野の百合《ゆり》」の一節が書かれた手紙をもらい感激したこともあった。両年譜によると、全発は、一九〇五年（明治三十八）に中学校を卒業して、「一時早稲田大学に在学」とある。全発は、中学校を卒業して普助とともに上京し、一時早稲田大学に入学したおり、後に千駄ヶ谷の伊波の自宅を友人と訪れて厄介になったことがあ

図4　伊波普猷（那覇市歴史博物館提供）

った（『うるま新報』一九五一年二月十九日）。しかし、全発がいつ上京したのか、これまで詳しくわかっていなかった。全発が後の第七高等学校造士館時代に書いた随筆の内容や、彼が早稲田大学に入学して伊波の自宅を訪れていること、そして伊波が〇六年（明治三十九）七月に東京帝国大学を卒業して帰郷していることを照らし合わせると、〇五年（明治三十八）の夏に上京し、約二年弱ほど東京にいたものと考えられる。

全発の東京生活は、（現在の新宿区）牛込喜久井町《うしごめきくい》の下宿屋の二階にある四畳半の部屋で始まった。当初は外出をひかえて、語学力をつけるために原書と近所の貸本屋から借りた小説や随筆集に耽溺する日々であった（『沖縄毎日新聞』明治四十二年八月二十九日）。

しかし大学が始まった後は、その講義が退屈で嫌になると、すぐに書物を抱えたまま、野山に飛び出した。独りであるいは友人とひたすら郊外を歩きまわり、とりわけ詩趣ある秋の武蔵野に魅了させられた。多湿で濃密な島国琉球の空気で育った全発にとって、武蔵野の瀟洒《しょうしゃ》にして広漠たる平原の様が、趣の深いものに感じられた。武蔵野の雑木林の中で、時に詩集を読み、与謝野晶子の歌を詠んだ。全発は、とくに紅葉落葉する公孫樹《いちょう》の樹を好んだ。公孫樹に、高潔な傑僧が超然として世俗を脱し、如来の霊龕《れいがん》に参する勤行《ごんぎょう》の姿を思い重ねたのである。武蔵野の豊かな自然は、濤韻全発の詩情を動かし、人生の苦悩を忘れさせ、浪漫主義的世界へといざなった（『沖縄毎日新聞』明治四十二年三月七日）。

全発は、この頃、『明星』と提携関係にあった詩人、文学者で『海潮音《かいちょうおん》』の訳者として著名な上田敏《うえだびん》が編集する雑誌第二次『藝苑《げいえん》』(佐久良書房、一九〇七年)に詩歌を投稿している。第二次『藝苑』では、上田の編集方針により無名の新人たちへの投稿を開放しており、さらに早稲田系文人の積極的な文学運動展開と提携していたこともあって(明石利代「第一次『芸苑』より第二次『芸苑』に至る展開と上田敏」)、上田敏と早稲田の学生であった全発との間に何らかの接点があったものと推察される(『藝苑』第二巻二号には全発の友人である漢那浪笛も投稿している)。

その後上田は、明治四十一年十一月に京都帝国大学文科大学の講師として京都に移るが、全発も明治四十三年に京都大学法科大学に入学し、在学時代に文科大学文学会の雑誌『藝文』に掲載された上田敏の諸論考を読んでいたことがうかがえる。当時の文壇において『藝苑』は最も高級な文芸雑誌だったという(安田保雄『上田敏研究』)。全発は『藝苑』第二巻四号に、琉球に関する「真書」「蝙蝠《こうもり》」「河岸」という表題の小曲三章と、第二巻五号に東京での下宿生活を描いた「街頭」「恐怖」「火災」という表題の長詩三章を投稿し掲載されている(同資料については森宣雄氏からご提供いただいた)。このように『明星』への傾倒と『藝苑』への投稿からみて、全発は東京時代においても、浪漫主義的な詩歌に深く関心を寄せていたことがわかる。

第七高等学校造士館時代

一九〇七年（明治四十）、島袋全発は東京から鹿児島県へ移り、第七高等学校造士館に入学する。そして七高在学中に、伊波普猷の仲介で、当時、当間重慎《とうまじゅうしん》が社長をしていた『沖縄毎日新聞』に投稿する機会を得るようになる。全発は、七高時代に、鹿児島での学生生活の様子や旅行記、さらに東京での生活の思い出を詩情豊かな文体でつづった三十編を超える随筆を、『沖縄毎日新聞』に投稿している。

富名腰作成の「年譜」によると、全発は七高在学中に「若狭町の旧家謝花寛顕《じゃはなかんげん》氏の長女かめ氏との永い婚約を終えて結婚」している。しかし結婚当初、全発は将来を嘱望され学業にいそしみ、夫人は姉妹を護って家に残るという「淋しい結婚」であった。鹿児島と沖縄とで別々に暮らし、経済的にも厳しいなかで、その新聞投稿で得た原稿料は貧乏学生であった全発の懐を大いに助けた。同年譜には、その「新聞投稿した原稿料で夫人に贈り物を送ってよこした話」が記されている。そのような厳しい状況の中でも、全発は学業のみならず、学生生活も大いに謳歌した。

学業に関しては、二年の三学期の席順が、品行点の影響により「二学期よりずっと下がって十二」番（『沖縄毎日新聞』明治四十二年七月十八日）という成績から推察できるように、優秀であった。学生生活では端艇《たんてい》（ボート）部に所属して、その仲間たちと練習や合宿生活を行い、青春を満喫している。その頃に全発が書いた随筆には、端艇部に関する練習風景や合宿生活で観察した自然景観を描写した文章が多く確認できる。

また、全発は、七高在学中に鹿児島の西部を中心にして友人たちとの短期間の旅行、たとえば桜島の有村《ありむら》への船旅、鹿児島市街地から吹上浜《ふきあげはま》までの薩摩半島徒歩横断一人旅、加治木《かじき》への汽車の旅などを行っており、それが旅行記や日記として新聞に投稿されている。富名腰年譜によると、全発は濤韻と号して七高文芸雑誌で活躍し、「綾雲《りょううん》匂う桜島、月影清き薩摩潟」で始まる七高寮歌を作詞し、名吟《めいぎん》として七高後輩に親しまれたという。さらに、全発は、二年生から三年生へ進級する際に、下宿先を武村から新照院へ引っ越すが、その両下宿先の自然環境をロマン主義的な筆致により、鮮やかに描写した文章を投稿している。それらの文章で下宿先での生活の様子や周辺の自然情景についても、詩情豊かな描写により叙述している。このように、全発が七高時代に新聞に投稿した文章は、早稲田時代から続いて自然情景を詩情豊かに叙述した随筆が中心である。

だが、その中で、「中等学校端艇部創設論」(『沖縄毎日新聞』明治四十二年五月二十三、二十四日)という文章は異質である。全発はこの文章で、大洋に面し自然環境に恵まれた沖縄の中等学校に端艇部の一つもないことは「宝の持腐れ」であると指摘し、「沖縄の進歩未来は中等学生の未来にあり、中等学生の未来は今日の元気である」と述べ、中等学生が

図5　伊波月城（沖縄タイムス社提供）

端艇で心身を鍛える重要性を説いている。事実、全発はその後、母校である七高の端艇部からボートを三艘分けてもらい沖縄の中等学校に寄贈し、それにより一九一〇年（明治四十三）に中等学校で沖縄初の端艇部が創設され那覇の奥武《おうの》山《やま》漫《まん》湖《こ》で盛んにボートが漕がれたという（『当間重剛回想録』一九六九年）。この文章の興味深い点は、全発が端艇部創設に関連して、沖縄社会を批判的に言及し、次のように自らの論を主張している点である。「端艇の遊戯は自己中心の偏狭我執の人士多き沖縄にありて、我等青年が執着すべき格好の機関と言わねばならぬ」と。

全発は、中等学校以来『明星』派の浪漫主義に傾倒し、自然や人間性の情緒美の創造を中心として文章を書いてきた。しかし、この「中等学校端艇部創設論」で初めて、沖縄の社会状況にふれて批判的に言及している。その後、全発の文章は浪漫主義から自然主義的傾向をより一層強めて、沖縄社会を批判する論考が主要な位置を占めるようになる。

その頃、全発は沖縄へ帰省したおり、伊波普猷や月城《げつじょう》らとともに「球陽文芸界」を結成し、八月一日の第一回の発会式で「自然主義に就て」という表題の講演を行っている（『琉球新報』明治四十一年七月三十日）。仲程昌徳《なかほどまさのり》によると、当時沖縄では「自然主義」を「淫乱」の代名詞のようなものとしてとらえる風潮に対して、その誤解を解き「事実を最も現実に描かん」としたものであり、「球陽文芸界講演会」は、そのように文学の啓蒙とともに、「社会の開明を志した若者たちによって催されたものであった」と指摘されている（『伊波月城』）。前述の論考と球陽講演会に見られるように、当時の全発は沖縄社会の現実を見つめ批評し、社会の開明を志す若者の一人として存在感を増していった。

瀧口談話への反発

一九〇九年（明治四十二）五月二十六日の『琉球新報』は、通信員による「東京たより」として前県属・瀧口文夫の談話を掲載した。その談話の次の箇所は、沖縄県下の識者に大きな反響をもたらした。

沖縄は未だ総ての状態に——於て低劣を免れず。先ず此れを都下に於ける青年に着目すれば、総体に於て沖縄人は帝国民と智育に於て頗《すこぶ》る劣等なり。即ち心理状態に於て之れを異にするものあり。此れに高等師範其他《そのた》造士館諸教授の等々予に談《かた》りたるものの也。

この談話が掲載された後、それに関連する記事が『沖縄毎日新聞』に、一記者「伊波物外氏の談」、島袋全発「沖縄人は果して智育劣等なりや」、伊波月城「天火人火」、瀧口文夫「物外学士に呈して併せて県下の識者に告ぐ」、……道人「東京便り」、月城筆記「伊波文学士の談」などと相次いで発表された。

その論争の「ある種誤解に基づく」経過と論争がもつ思想的意味については、比屋根照夫『「新人」世代の悲哀』、鹿野政直『沖縄の淵』ですでに論及されている。とりわけ、比屋根の論考は、この論争に関連して先に示した全発の文章の全文を引用し、瀧口談話にすばやく反応した全発の姿勢に迫っている。そこで、全発の文章に異郷の地で「沖縄人を代表」している全発の意識構造を認め、それに「近代日本における沖縄というもののあり方から必然的に派生する反応」として指摘している。全発は、「小生等は造士館に於て沖縄人を代表いたしをり候へば、猶此《なおこ》の上も奮励を持続し、事実に於て智育の決して劣等ならざることを証明いたすべく候」と述べ、異郷の地において沖縄人を代表する心情とその強い決意を吐露している。

ところで、全発のこの文章をあらためて読んでみると、興味深く感じる点がある。それは、瀧口談話に対する全発の反応した箇所に関して、である。その反応した箇所とは、全発が書いた文章の「沖縄人は果して智育劣等なりや」という表題に端的に示されている。瀧口談話で大きな反響を呼んだのは、「総体に於て沖縄人は帝国民と智育に於て頗《すこぶ》る劣等なり。即ち心理状態に於て之れを異にするものあり」という箇所であった。それは、二つの文から成り立っている。全発は、「瀧口氏の談話は言辞曖昧にして要領を得ず（智育劣等にして心理状態を異にするものあるを以てにや）甚《はなは》だ了解に苦《くるし》み候」と言及し、この二つの文の関連性に対する曖昧さや、その非論理性について指摘している。そしてこの二つの文に対して、次のように主張する。

小生等は本土出身の学生と極めてデリケートの点に於て心意の構造を異にする者あるべしとは存じ候へども、夫《それ》がため智育劣等なりとは不肖《ふしょう》と雖《いえど》も思ひ寄らず。

このように全発は、二つの文のうち「沖縄人は智育劣等なり」という点に疑義を呈しているが、自分たちと本土出身の学生との間に「心意構造を異にする」点については「存じ候」と認めているのだ。全発のこの認識は、後述するように、その論争で瀧口が示した認識とは大きく異なっており、沖縄人と他府県人との間に「一大塹壕《ざんごう》」があると指摘した伊波普猷の認識とほとんど同じである。全発は、沖縄を離れ異郷の地で生活する中で、この認識を強く意識するようになった。

全発は上京した当初、受験勉強のため下宿先の「四畳半に籠城」する日々を過ごし、数少ない外出先は近所の貸本屋であった。全発は、その貸本屋で沖縄人と他府県人との間にある「心意構造を異にする」経験に何度か出くわした。たとえば全発は、馴染みであった貸本屋で、小説や随筆集を借りるときに、いつもおしゃべりをしている近所の五、六人の主婦に出会った。そのさい彼女たちは、たいていおしゃべりをやめて全発の方を向き、「大方琉球から出た書生があんな本を読めるのかと珍らしくも思い面白いとも思っ」て、「ニッコリ」と笑ったり、あるいは「マァ」と怪訝《けげん》そうな顔をした。また、その貸本屋の十歳くらいの娘から「家に引っ込んで本ばかり読んでいる青瓢簞《あおびようたん》」と言われ、全発が「女のくせに生意気だ」と怒ると、「『アラ女だって』」と笑いながら「貴君《あなた》は島の人じゃありませんか、妾《わたし》は神田児《かんだっこ》だわ」と言われたことがあった。

さらに全発は、鹿児島時代においても、同様な経験に何度となく出くわした。たとえば、桜島有村の行きの船で同席した「丁寧な口を利く」鹿児島出身の書生との会話の中でのことであった。「ふるさと」を聞かれ、一緒にいた同郷のS子が「沖縄です」と答えると、この書生は急に態度が変わり、「沖縄人は鉄拳を振って人をどやすから野蛮だ。学生も破落漢だ」と軽蔑の語気をもらし、ついに「島人」という言葉を用いて「時々盗むような目付きで」全発らの顔を見ていた（『沖縄毎日新聞』明治四十二年八月十六日）。

このようなエピソードは、なにも全発だけが体験したのではなく、当時のほとんどの沖縄出身の青年たちが、沖縄を離れ本土の異郷の地で生活するときに出くわした日常の出来事であった。全発は、それについて次のように書いている。

郷土に呱々《ここ》の産声を揚げ、特殊の民族性を有する少年が普通教育を受けて大和民族の一分子なるかの如く訓育された者が、一度南国の温室をはなれて東都その他の都会に遊び進んで高等専門の教育を受くるや、「都会の空気は人をして自由にせしむ」る者なればそこで初めて放たれたる人間となって自己の歩むべき道を辿《たど》らんとする時、種々の疑問に逢着《ほうちゃく》して矛盾を見出す。のみならず本土人よりて、ある意味のストレンヂャー視せらるゝに及んで内観的傾向なき青年までが我に帰った如く自覚して更に懐疑に陥るやうになる（『沖縄毎日新聞』明治四十四年八月二十三日）。

全発は、このように異郷の地において「種々の疑問に逢着して矛盾を見出」し、それらの疑問や矛盾から、沖縄人と他府県人との間に「心意構造の異なること」を強く認識したのである。七高時代の全発は、沖縄人と他府県人との間に「心意構造の異なること」を認めながらも、そのために「沖縄人が知育劣等ならざることを」、自らが学業に奮励することで、成績という「事実」によって証明しようと考えた。その時期の全発には、沖縄人と他府県人との心意構造の違いからくる、自分自身への「懐疑に陥る」よりも、沖縄人が知育劣等でないことを、自分自身の学業成績の「事実」によって証明してみせようとする、強い意気込みがうかがえる。

瀧口談話に対する全発の反応は、沖縄人としての高い志操とともに、その時期の全発自身による「一大塹壕《ざんごう》」の超え方を示している。そこからは、意気盛んな青年知識人・島袋全発の姿が見出される。

瀧口と伊波

『琉球新報』に掲載された瀧口談話の記事は、必ずしも瀧口本人の真意を伝えていない点もあった。しかし、はからずも瀧口と伊波普猷とのやり取りは、伊波の年来の思いを形象化させる役割を果たした。それについては、鹿野政直《かのまさなお》著『沖縄の淵』に詳しい。

このやり取りには、伊波の思想の形象化という文脈とともに、近代沖縄の言論を考える点においても、興味深い論点が提起されている。このやり取りの前提にある両者の考える位相の違いという問題である。それは、「一大塹壕」に関する両者の解釈の違いに端的に現われている。

瀧口は、自分の談話への伊波の最初のコメントに対して次のような反論を行った。

日頃、学術的立場から、沖縄人と他府県人とは「同種族の人種」であることを証明し主張している伊波学士の口から、両者の間に「一大塹壕あるが如く謂《い》い為《な》す」のは耳障りで忌むべきことだ。

伊波は、その瀧口の反論に対して以下のように答えた。

自分は少年の頃から他府県人と沖縄人との間に「一大塹壕」があるように感じ、どうにかしてそれをうめたてたいと、研究の立場から両民族の間に「精神上のわたり」をつけようとしている。それは「一種の愛国的行為」である。さらに、次のように続けて言及する。

併《しか》し、人種問題は感情の問題である。感情は保守的なものであるから、理屈の上では沖縄人が大和民族であると知っていても、双方の感情は容易に承知しない。

このように、「一大塹壕」に対する解釈において伊波と瀧口との間には、その前提に大きな違いがある。すなわち、瀧口の主張は「理屈」による形式的な位相からの解釈にすぎず、伊波はそれをふまえながら、歴史的に形成された「感情」をも組み込んだ解釈だといえる。この伊波の「一大塹壕」に対する解釈と、先に述べた他府県人と沖縄人の間に「心意構造の異なり」を認めた島袋全発の認識との類似性は、容易に指摘できよう。そのような認識は、比屋根照夫《ひやねてるお》が指摘したように、「近代日本における沖縄というもののあり方から必然的に派生する」沖縄人の反応であった。思うに瀧口談話にみられる沖縄人への差別的偏見に対する全発の反応は、後述する一九〇三年（明治三十六）の人類館事件への沖縄の反発が下敷きになっていたのではなかろうか。

ところで全発は、瀧口談話に関して投稿した文章「沖縄人は果して智育劣等なりや」の後に、すぐに「暖潮」（『沖縄毎日新聞』明治四十二年六月十四日）という随筆を投稿している。「あたたかき潮よ！　わがふるさとの珊瑚礁《さんごしょう》を洗ひて流る暖潮よ」という詩的な文章で始まるこの随筆は、造士館時代に全発が書いた多くの文章の中でも異彩を放っている。

浪漫主義的な詩的文体による自然描写という点では他の随筆と同様だといえるが、とくに沖縄特有の亜熱帯の自然情景を正面から肯定的に叙述した点において、その時期の全発の随筆の中で唯一の文章であり印象的である。

> われは南の島□子、榕樹《がじゆまる》の陰ふかきあたりに産れて龍眼《りゆうがん》とバナナと弁珠露とに唇しめし、芳ばしき泡盛の香に胸を焼きては、阿旦葉《あだんば》の笛ふきならし、有ゆる梯梧《でいご》の花かざす少女の黒髪雲となびくをめて……。

全発は、瀧口談話の直後に、異郷の地で自らの琉球出自を全面に押し出し、沖縄を賛美する随筆を書いた。ここにも、瀧口談話に対する全発の一つの応答があり、沖縄人・全発の志操がみえる。

国家観と民族観の相克——太田朝敷、伊波普猷との認識の相違

人類館事件での太田朝敷の認識

さて、ここでは伊波普猷や島袋全発らの瀧口談話への反応において、同じ偏見や差別の問題として影響を及ぼしたと考えられる「学術人類館事件」について論及することにしたい。いわゆる「人類館事件」とは、一九〇三年（明治三十六）に大阪で開催された第五回内国勧業博覧会での会場外に隣接された民間業者による「学術人類館」で、「北海道のアイヌ五名、台湾生蕃《せいばん》四名、琉球二名、朝鮮二名、支那三名、印度三名、同キリン人種七名、ジャワ三名、バルガリー一名、トルコ一名、アフリカ一名、都合三二名の男女が各《おのおの》其国《そのくに》の住所に模したる一定の区域内に団欒《だんらん》しつつ、日常の起居動作」（『風俗画報』）を見せる状態で展示された事件である。

同博覧会は、娯楽性や見せ物的要素においても、これまでの博覧会の内容や展示のあり

図6　人類館に陳列された諸民族（沖縄県立博物館・美術館提供）

方とは一線を画すものだった。つまり、欧米の博覧会で採用されていた帝国主義の植民地主義的な展示方式、すなわち植民者が現地人を差別的に眼差し「人間動物園」として展示する方式を、帝国日本として初めて国内に導入した博覧会でもあった（吉見《よしみ》俊哉《しゅんや》『博覧会の政治学』）。それに対して、中国や朝鮮の展示については、公使や留学生から抗議や批判が起こり、中国や朝鮮人の陳列はいち早く中止された（坂元ひろ子『中国民族主義の神話』）。沖縄についても在阪県人から人類館事件の情報がもたらされ、それを現地取材した太田《おおた》朝敷《ちょうふ》の中止を求める抗議記事などが数回にわたり、『琉球新報』に掲載されたこともあって、県民世論が反発し、琉球女性二人の展示も中止され彼女たちが二ヵ月後に帰郷したことで、とりあえず問題は沈静化することになった。

また博覧会には、前述したように、帝国日本がアジアに拡張するに伴い、欧米の植民地主義の眼差しを内面化した差別的な展示方式が導入されていたが、それに隣接し開設された「学術人類館」においても、異民族を「未開人種」や「劣等民族」として分類し評価する人類学の関与と、その人類学の学術知が果たした権力性や政治性が指摘されている（松田京子『帝国の視線』）。その人類館事件に対して、沖縄の近代初期の言論人である太田朝敷は、琉球人を陳列した差別的展示のあり方に抗議し中止を求めたのであるが、その批判する論調の中で、はしなくもアイヌや台湾、朝鮮人に対する太田の認識が、次のような形で提示されている。

　陳列されたる二人の本県婦人は正しく辻遊廓《つじゆうかく》の娼妓《しょうぎ》にして、当初本人又は家族への交渉は大阪に行ては別に六ケ敷《むつかしき》事もさせず、勿論《もちろん》顔晒《さら》す様なことなく、只品物を売り又は客に茶を出す位ひの事なり云々と、種々甘言を以て誘ひ出したるのみか、斯《こ》の婦人を指して琉球の貴婦人と云ふに至りては如何に善意を以て解釈するも、学術の美名を藉《か》りて以て、利を貪《むさぼ》らんとするの所為と云ふの外なきなり。我輩は日本帝国に斯《かか》る冷酷なる貪欲の国民あるを恥つるなり。彼等が他府県に於ける異様な風俗を展陳せずして、特に台湾の生蕃、北海のアイヌ等と共に本県人を撰みたるは、是れ我を生蕃アイヌ視したるものなり。我に対するの侮辱、豈《あに》これより大なるものあらんや。

（『琉球新報』明治三十六年四月十一日）

その引用文の後半部分で強調されているように、太田は帝国国民である沖縄県人が、台湾の生蕃と北海のアイヌと同列に展示されたことは沖縄県人を侮辱するものである、と反発している。その太田の発言に見いだされる批判の論理は、差別された者がそれから脱却するために差別意識を内面化し序列化して、他の少数民族を差別視する抑圧移譲の構造である。それは言い換えると、自らを擁護しその優位性を主張するために、他の少数民族を差別し排斥する論理でもある。また文明化や近代化の名において、他の少数民族を未開や劣等として他者化し、沖縄の主体を立ち上げようとするあり方でもあった。

その抑圧移譲の構造を含んだ太田の批判の論理は、女性に対する太田の認識の中でも同じように指摘できる。それは、太田が他の少数民族を表象する際に用いた「劣等種族」という語句と同様に、女性を表現する際にも「劣等の婦人（賎業婦、辻遊廓の娼妓）」という語句を使用している点に端的に示されている。先の引用文の中で太田が、「辻遊廓の娼妓」である「斯の婦人を指して琉球の貴婦人」として展示されているのを批判していることからわかるように、太田のなかでは、「劣等の婦人」が「琉球人」を代表して展示されているあり方に対しても強い不満をもっていた。そこには、明治二十年代以降に活発に論じられた近代的性道徳に基づく廃娼論《はいしようろん》の影響や、職種で女性の優劣をつける太田の家父長的で差別的な眼差しがみられる。それは、帝国日本の「内国植民地」として位置付けられ、日本から「女性」として表象されている沖縄の中で、さらに沖縄男性がより劣位の位置にある沖縄女性へ抑圧を移譲する差別的な眼差しでもあった。米谷匡史《よねたにまさふみ》が指摘するように、「そこには、『近代』・『文明』がはらむコロニアル／ヘテロセクシャルに輻輳《ふくそう》する規律権力が刻印されている」（『アジア／日本』）のがわかる。

ところで、なぜ太田の論説は、そのような論理構造をもっていたのであろうか。それは、彼の人類館事件に関わる論説の中で、先の引用箇所とは別の部分で数多く散見される、次のような「全国共通」「全国との調和」「全国帰一」「全国と一致」という語句に如実に示されている。太田の論調には、これからの沖縄は「全国」同様に帝国日本の一県として積極的に「同化」し、日本の「帝国臣民」「国民」として貢献すべきだとする強い主張がある。

そこで強調されているのは、明治三十年代前半に沖縄でも徴兵制や土地整理、租税制度など全国同様の法制度が施行されたことを受けて、これからは意識や精神面でも沖縄県民はりっぱな帝国日本の「臣民」や「国民」になるべきだとする太田の主張がある。そしてその背景には、他府県人の沖縄人に対する「種族的差別」を、沖縄県民がりっぱな帝国日本の「臣民」「国民」になることによって乗り越えるべきだとする太田の論理構成がある。言い換えると、沖縄人に対する「種族的差別」を、「帝国臣民」としての「ナショナリティー」に同化することで乗り越えようとする志向性だといえよう。人類館事件に関する太田の論説を読んでみると、沖縄とアイヌ、台湾、朝鮮との関係において、「人種」や「民族」の問題だけでなく、その近代化や文明化と結びついた「帝国臣民」としての「ナショナリティー」の問題が、いかに重要視されていたかがわかる。

その点で、当時の沖縄の新聞論調に顕著に表れているのは、アイヌや台湾人、朝鮮人と異なり、沖縄人は日本人と「同一民族」であるという主張と、いち早く帝国臣民になった沖縄県民に比べて朝鮮人や台湾人は帝国日本の「新俯《しんぷ》の民」だという差異意識に基づく序列化である。そのことからも、明治後期の沖縄の知識人において、日本帝国の「臣民」「国民」としての「ナショナリティー」の威光が、いかに眩しく輝いていたかがうかがえよう。つまり、太田の文明化や近代化に対する考えは、帝国臣民意識と深く結びついていたのである。沖縄では、近代化・文明化と植民地化とは連なっており、その結節は帝国臣民化であった。そこには、近代化を志向する革新的な女性論者たちが、明治前半期に女性たちの政治的権利の獲得を求める根拠として、男女に関係なく、「皆、明治天皇陛下の臣民」として「国家を思ふ忠実臣民」であり、「第二国民」としての「男子の母と妻である」という「ナショナリティー」に結びついた性役割を主張していくあり方（牟田《むた》和恵《かずえ》『戦略としての家族』）と構造的に類似していることが指摘できよう。

明治後期の伊波普猷の論調

そのような認識については、明治後期の沖縄学第一世代である伊波普猷の論調においても同様であった。実は、アイヌ、台湾、朝鮮に対する明治後期の伊波の認識は、意外に思われるかもしれないが、前節の太田朝敷の認識とほとんど変わるところがない。確かに伊波の発言には、アイヌや台湾人に対して、「野蛮人種」や「台湾の鬼」という激しい言葉を吐いた太田とは違い、おだやかな表現や言い回しが多い。しかし、他の少数民族に対する認識という点では、両者の間に共通する感覚が指摘できる。

明治四十四年に発刊された『琉球史の趨勢』の中で、伊波は琉球と比べてアイヌや台湾について次のように述べている。

（琉球民族は：引用者）アイヌや生蛮《せいばん》みた様に、ピープルとして存在しないでネーションとして共生したので御座います。彼等は首里を中心として政治的生活を営みました。『万葉集』に比較すべき『おもろさうし』を遺しました。アイヌを御覧なさい。彼等は、吾々沖縄人よりも余程以前から日本国民の仲間入りをしてゐます。併し乍《なが》ら諸君、彼等の現状はどうでありませう、やはりピープルとして存在してゐるではありませんか。不相変《あいかわらず》、熊と角力を取つてゐるではありませんか。

とくに、他の論考でも同様な表現を使用しているように、同時期の伊波の中でアイヌや台湾に対する認識として何度となく使用されている表現は、アイヌや台湾人、マレイ人が「ピープル（人民）」であるのに対して、沖縄人は「ネーション（国民）」であるという指摘である。その認識の背景には、文明化の発展段階がいまだ未発達なアイヌや台湾人の「ピープル」の状態とは異なり、琉球はかつて王国を形成し『おもろさうし』に代表される高い文化を永く保有した「ネーション」だと序列化して、自らの文化を誇る心情がある。

その伊波の指摘からもうかがえるのは、明治期の沖縄の知識人が近代化や文明化を語るとき「ネーション」としての「国民」という言葉に過大な評価を付与し、つよく執着している点である。明治期の伊波普猷にとっても、前述の太田朝敷の認識と同様に、沖縄が帝国日本の「臣民」や「国民」である／になるという威光は、圧倒的な輝きを放っていたのだ。逆に言えば、当時の沖縄の識者にとって、他府県人による沖縄文化への誤解を解き、さらに差別から脱却するためにも、近代化や文明化と結びついた帝国日本の「臣民」「国民」という威光は、後進的な沖縄を導いて救ってくれる絶大な光として受けとめられていたのである。

そのような事実をふまえて考えてみると、帰属意識において世代間による違いがみられる点が指摘できよう。それは、明治時代の琉球処分の衝撃を体感しながら思考枠組みを形成した太田朝敷や伊波普猷らの世代の中にある「国家」への帰属意識の強さと、その次の世代で日露戦争以降から大正初期に思考枠組みを形成した島袋全発の中にある「民族」への帰属意識の強さの違いとして表れている。

伊波のアイヌ認識の転換

しかし、その帝国日本の「臣民」「国民」としての沖縄が、大正末期のソテツ地獄と呼ばれた経済不況下の惨状を経験したことによって、それまでのアイヌや台湾に対する伊波の認識にも大きな転回をもたらすことになる。そのソテツ地獄を契機とする伊波の転回については、すでに比屋根照夫《ひやねてるお》（『近代日本と伊波普猷』）、安良城盛昭《あらきもりあき》（『新・沖縄史論』）、鹿野政直《かのまさなお》（『沖縄の淵』）らの先行研究によって詳しく分析されている。とりわけ、安良城は、比屋根の先駆的指摘を受けて、それを伊波の中での「広い意味での歴史観の一大転換」ととらえ、琉球処分＝奴隷解放論の修正、孤島苦の主張、土地制度観の転換とともに、アイヌ認識の転換という四点について言及している。さらに鹿野は、比屋根や安良城の分析を受けて、そのソテツ地獄を契機とする伊波の歴史認識の転換により、かつて抱いていたヤマトへの期待、近代への希望、宗教という〝善意〟の教導への信頼などが、「一つ一つ剥落した」点を指摘している。

それを踏まえてさらに私自身は、その伊波の歴史認識の転換にともなう「剥落」の中に、もう一つ、伊波にあったそれまでの帝国日本の「臣民」や「国民」への期待感が剥落していった点も同じく付け加えたいと思っている。なぜなら、沖縄人が参政権の獲得をはじめ法制度的にも帝国日本の「臣民」や「国民」となっても、ソテツ地獄による沖縄社会の惨状や困窮が救済されない現実に対して、伊波は絶望感とともに国家政策に翻弄《ほんろう》される沖縄社会の悲哀を痛切に感じていたからである。帝国日本の「臣民」や「国民」の威光に大きな期待を寄せていた明治後期の伊波は、ソテツ地獄による歴史認識の転換にともない、大正末期以降にはその帝国国民の威光に対する期待も、しだいに剝落していった。

伊波は、一九二五年（大正十四）に上京するが、その前年に書いた「琉球民族の精神分析」（大正十三年五月）という論考の中で次のように述べている。ソテツ地獄による沖縄社会の惨状は、宗教や教育による「個人的救済」ではなく経済生活などの「社会的救済」が必要であり、「今となっては、民族衛生の運動も手緩い、啓蒙運動もまぬるい、経済的救済のみが私たちにのこされた唯一の手段である」と強調している。その見解は、「目覚めつつあるアイヌ種族」（大正十四年六月）の論考でも、沖縄は「今やその経済生活も行詰つて、国家の手で救済されなければならない羽目に陥つてゐる」との記述にみられるように、当時の沖縄社会の経済状況に対する伊波の強い危機意識が投影されている。さらにその論考の翌年に、伊波が沖縄に赴任したことのあるアメリカ宣教師のアール・ブールに送った書簡（大正十五年一月三十日）では、その末尾においてより一歩踏み込んだ表現で、「琉球は昨今非常な窮境に陥つて、国家の手で救済されなければならないやうになつてゐますが感が剝落していることが確認できよう。

何だかもう助からないやうな気がします」とさえ明記している。ソテツ地獄の深刻な経済不況にあえぐ沖縄社会の惨状は、もはや「国家」による「経済的救済」によってでも「もう助からない」と明記されており、明治時代の伊波とは異なって帝国日本の威光への期待感が剝落していることが確認できよう。

違星滝次郎との出会い

ところで、伊波の中でアイヌ認識が転回する直接の契機は、伊波が大正十四年二月にソテツ地獄の状況下にある沖縄から上京し、その翌月に開催された第二回アイヌ学会で、アイヌの青年である違星《いぼし》滝次郎（北斗）の講話を聞いてからであった。伊波は、そのときに受けた深い感動を先の「目覚めつつあるアイヌ種族」という論考にしたためて、いち早く沖縄教育会の機関誌である『沖縄教育』（一四六号）に投稿している。そのような行動に伊波を突き動かしたのは、違星の感銘深い講話によって、それまでの自身のアイヌ認識の是正と転換がもたらされたからであった。伊波は、先の論考のなかで講話の要約を行い、その感想としてこれまでの自らのアイヌ認識の不当性を率直に認め、次のように述べている。

一同は少からず感動しました。アイヌは五以上の数は数へることが出来ないなどと聞かされてゐた私たちの知識は、見事に粉砕されました。

伊波のアイヌに対するそれまでの不当な認識は、「違星君以外のアイヌにあつたことはない」という事情によるもので、違星の講話が伊波に与えた影響は決定的であった。その論考の中でそれを示す逸話として、講話を聞いた後、伊波にしてはめずらしく感情を表に出し、感動のあまり琉球から来た私が「君の気持ちは誰よりも私には能くわかる」と話し、違星に握手を求めたエピソードが記されている。

その後も伊波は違星から二度の訪問を受けて、ウタリ・クス（アイヌ同胞）の地位の向上とアイヌの権利回復のために行動しているアイヌ青年たちの運動の話を聞き、助言を行っている。伊波は、彼らが出している機関誌の内容が、明治中期に東京で発刊された沖縄青年たちの雑誌の「思想よりは遥かに進んでいる」と指摘して、違星たちの運動について「今日の青年アイヌは男女共実に維新当時の志士のやうなものです。互に連絡を取りつつ、亡び行く同族の頽勢を撤回すべく誓つてゐる」と賞讃している。また、違星との出会いを通して、「彼等の祖先は、私達の祖先がオモロをのこしたやうに、ユーカリ《ママ》といふ美しい詩をのこしてゐます」と記しており、前述した明治期の伊波のアイヌ認識が是正されている点が確認できる。そして伊波は違星たちに対して、機関誌を出して思想やアイヌを主張し、また中等程度の学校を設立しているアイヌ青年たちの運動の重要性を認めながら、「目下の急務は、同胞の間に這入《はい》り込んで通俗講演」や「啓蒙運動」を行うことの必要性を助言している。むろん、アイヌ青年たちへのその助言の背景には、伊波が明治後期から大正前期にかけて沖縄の中で自ら精力的に行った衛生講話や通俗講演などの啓蒙運動の体験が前提にあることは言うまでもない。しかし伊波は、そのような啓蒙運動の重要性をアイヌ青年たちに助言しながら、翻ってソテツ地獄下の沖縄社会の現状を思うと、胸中は複雑な心境にあったものと考えられる。

すでに伊波は、沖縄社会の絶望的な状況に対して「啓蒙運動」ではなく「経済的救済」の必要性を主張しており、アイヌ青年たちの運動に啓蒙活動の重要性を強調した助言とは、大きく隔たっていた。むろんその背景には、沖縄とアイヌを取り巻く社会状況の違いに対する認識が前提にあるといえるが、これから続くであろうアイヌ青年たちの運動の困難さを考えると、伊波の中には複雑な思いがあったことは想像に難くない。

伊波は、同論考の最後の方で次のように述べている。「私は青年アイヌの運動に多大な同情を有するものです。けれども世界の民族運動がその終焉《しゅうえん》に近いた頃に彼等がおくればせに雄々しくも最初から出発しようとするのをみて、一滴の涙なきを得ません」と。その背景には、伊波が沖縄の現状と格闘する過程で構築してきた、「民族的自覚」から「宗教的自覚」へ、そして「経済的救済」の必要性へと思想的進展がなされた中で、これから出発するアイヌ青年たちの民族的自覚に基づく困難をともなう運動の道程への「多大な同情」があった。

しかし、そのアイヌ青年たちの「最初から出発しようとする」姿勢は、ソテツ地獄の沖縄社会の現状に「絶望感」を抱き悲痛な思いの中にあった伊波にとって、逆に大きな励ましを与えるものでもあった。そしてそのアイヌ青年との出会いと彼らの運動が伊波に与えた励ましは、伊波の『沖縄教育』への投稿を通して、沖縄の青年教師たちへの励ましへとつながることになる。その論考の末尾で記されている伊波の次の文章は、そのことを含意している。

私たちはこれまでアイヌを甚しく誤解してゐました。大方の人は彼等をその価値以下に見てゐるだらうと思ひます。どうか貴誌を介して、アイヌの真相を県下の教育家諸君に知らして下さい。これひとりアイヌの幸福ばかりではないと思ひます。

末尾で示唆されているように、アイヌの真相を正しく理解することは、アイヌの幸福ばかりではなく、沖縄の未来の幸福へとつながるものと、伊波は考えていた。伊波が、「目覚めつつあるアイヌ種族」という論考を『沖縄教育』に投稿した背景には、アイヌの青年たちの運動に励まされ、そしてその意欲的な活動を沖縄に報告することによって、ソテツ地獄で困窮している沖縄の青年教師たちへの伊波の激励の意味が含意されていたことは想像に難くない。伊波が同論考を、『沖縄教育』の編集者である又吉康和《またよしこうわ》へ呼び掛ける形式によって書いていている点も、そのことを裏付けていよう。実際、それを受けて又吉は、編集後記で「アイヌ、アイヌと言つて居る内に彼れ等無名の青年達は中央に於てアイヌ民族の為に獅子吼《ししく》して居るのであります。本県教育界の他山の石となりましたら幸甚であります」と記している。

ところで人類館事件が発生したころ、島袋全発はまだ中学生で浪漫主義の短歌同人誌『明星』に心をときめかしていた地方の文学青年であった。現在確認できるところでは、全発が人類館事件に言及した文章は見つかっていない。

前述したように、全発が浪漫主義から自然主義へ関心を寄せ、沖縄の現実的課題に言及するようになるのは造士館時代以降であり、その意味で全発の瀧口談話への批判的言及は、人類館事件に見られるような沖縄に対する偏見や差別に対する全発の応答だったと考えても大過はなかろう。そして、全発が国家観や民族観について論及するようになるのは大学時代になってからであるが、後述するように全発の認識は、前の世代の太田朝敷や伊波普猷の認識と大きく異なっている点が指摘できる。

京都帝国大学法科学生時代

京都帝国大学

一九一〇年（明治四十三）、島袋全発《しまぶくろぜんぱつ》は京都帝国大学法科大学に入学する。当時沖縄から帝国大学へ入学する青年が少ないこともあって大きな期待を込められ、大学在学中に出身地の那覇《なは》西村から育英資金をもらっている。大学に入学した年は学業に忙しかったのか、全発の『沖縄毎日新聞』への投稿は、ツルゲーネフ作『夕立』の翻訳（明治四十三年八月十七日）が一つ確認できるだけである。ところが、その翌年の夏から、地元新聞紙上で自らの言論を精力的に解き放っている。

京都大学在学中（明治四十三年～大正三年）に、全発が『沖縄毎日新聞』へ投稿した文章は一日一回として百回を数えている。それは、「郷土人の明日」（明治四十四年八月）から「私の信仰」（大正三年六月）までで、大学在学中といっても実質的にはわずか三年間のあいだに投稿した文章である。しかも大正三年十二月まで見ると、その投稿文章は百十回を超えている。全発の生涯において、京都大学入学から卒業直後の時期は、新聞紙上への投稿数からすると、質量ともにもっとも豊かで多彩な言論活動が行われた時期だといえよう。その時期の文章は、造士館時代の二、三回連載の随筆を中心とした文章とは異なり、ほとんど数回ないし、それ以上を数える長い論文が多いのが特徴である。とくに、造士館時代の自然景観を中心に描写した浪漫主義的で詩的な文体から、自然主義的傾向をへて、言文一致体の学術的な硬い論文調の文体へと大きく変化している点が目を引く。

それらの文章は、ほぼ三つの系列に分類することができる。第一は、「新時代」を迎えようとしている当時の沖縄社会や沖縄人に対する、批評や評論という系列である。第二は、人物評伝や経済史を中心とした、郷土史に関する歴史論文の系列である。第三は、哲学や宗教などの人間の内面的問題に関して、論争の形態をとりながら書かれた内省的な文章の系列である。それら三つの系列の文章は、沖縄社会の現況に対する批評、過去の沖縄社会に対する歴史分析、個人意識における精神世界の内省として要約できる。その時期の全発の言論が、この三つの系列を中心に考察され、論述されている点は、沖縄の「新人」世代・島袋全発の思想を考えるうえでも重要な意味をもっている。

ところで、明治末から大正初期にかけての全発のこの三系列の言論活動を、日清日露戦争以後の日本本土における言論界の思想状況の流れの中で考えると、たいへん興味深いものがある。松本三之介《まつもとさんのすけ》によると、日清戦争以後の日本本土における思想状況には、「社会問題」の登場と「個人的意識」の台頭による「国家と個人との乖離《かいり》ともいうべき問題」が存在した。日清戦争以後になると、これまで「幸福なる調和」が保たれていた国家と個人との間に、しだいに亀裂が生じ始めてきた。明治三十年以降には、「個人的意識」の台頭が噴出し、既成の国家観念や社会規範との直接対決を避けながらも、それの「新しい主観的意味付け」による受け入れの試みや、国家社会の領域とは切り離された宗教や精神的煩悶などの「個の世界に沈潜する方向」が生じた（松本三之介『明治思想史』）。

三系列の言論活動―国家、民族について

島袋全発における明治末から大正初期にかけての三系列の言論活動は、このような日清戦争以後の日本本土の思想状況の流れの中で考察され検討されるべきであろう。果たして、近代沖縄の言論人である濤韻《とういん》・全発の思想は、日清日露戦争以後の日本の思想状況の流れの中で、どのような意味をもち得ていたのであろうか。最初に、大学時代の全発が、沖縄社会や沖縄人の現況について書いた批評や評論の系列から見てみよう。

「郷土人の明日」（『沖縄毎日新聞』明治四十四年八月二十二日〜二十五日）は、その時期に全発が書いた代表的な論考の一つである。この論考は五節から構成されており、最初の二

節で問題点の所在と分析の視点を提示、後の三節で郷土沖縄の過去、現在、未来について、教育や民族性の具体的な問題から論じている。

その論考の主旨は、ほぼ三点に要約できよう。一つは、時勢の変革時において、政治経済関係で劣弱な民族が近親の優強な民族に同化吸収され、自他の保全を計り同胞の幸福を増すのは正当なことでやむをえない。郷土沖縄人の民族性のためにも、日本国民に同化吸収されるべきである。二つめは、従来の郷土教育の方針は琉球民族の歴史を無視し大和民族とみなして行われていたが、これからは郷土沖縄の歴史と郷土の民族性を斟酌《しんしゃく》し、その民族的自覚を促しながら行うべきである。郷土人の民族的自覚を破壊すべきではない。三つめは、郷土の明日のために日本の国家主義を信奉することである。郷土人の民族性の長所を発達させることと、国家主義を奉ずることとは矛盾せずに調和する。そのためには、国家主義の内容をよく理解することが必要である。国家の隆盛は国民の隆盛であり、国家の発展は国民の発展である。

そしてその三つの主旨は、国家主義に基づく優強な民族による劣弱な民族の同化吸収はやむをえないこと、琉球民族の民族的自覚と国家主義とは矛盾せず調和すること、という二つの論点に要約できよう。

最初に、前者の「国家主義」に関する論点から見てみよう。全発の主張は、当時の言論界での支配的思潮だった国家主義や社会進化論の影響を色濃く受けており、郷土沖縄の日本国家への同化を推進するものであった。そのような全発の主張は、比屋根照夫が指摘しているように「民族の『優劣の差異』によって独立あるいは併合が容認されるという弱肉強食の『民族主義』概念への転化をはらみ、そのような社会ダーウィニズムによって日韓併合などの対外侵出を合法化する『帝国主義』へとたやすく結合する構造をもつ」（『近代沖縄の精神史』）ものである。その時期の全発の主張には、確かに国家主義と帝国主義に対する「オプティミスティクな色彩」が指摘できる。その意味で、前述した明治期の太田朝敷と伊波普猷の認識とほとんど変わるところはない。

ところで、日本社会では日清戦争勝利の後、日英同盟の締結、日露戦争勝利へと史実を重ねることにより、「国家主義」が支配的思潮として定着した。そしてその国家主義の思潮は、日本主義に基づく帝国主義的な「膨張主義」に容易に転化するものであった。それは、国家体制の指導者層の支配的イデオロギーのみならず、それを否定する一部の社会主義者や急進的民主主義者を除いて、当時の言論状況の中で力点のおきどころに濃淡の違いはあったとしても、支配的な思潮を占めていた。すなわち、日本の言論界の動向は、日清戦争の勝利を画期に、国家主義という主張において、国家支配者層の傾向と著しい共通点をもっていた（岩井《いわい》忠熊《ただくま》「明治国家の思想構造」）。

全発の国家主義

このように、島袋全発の言論が、日清戦争以後の日本の言論界の支配的思潮である国家主義思想の流れに棹差《さおさ》すものであることは疑いない。しかし、問題はその先にあるように思う。はたして、その時期の国家主義という思潮の中で、全発の言論はどのような特徴をもっていたのか。そのことは、全発の言論を「国家主義」という名目だけで外在的に批判するのではなく、その内容の細部に分け入り、内在的に分析することが私たちに求められている。後述するように、全発の言論には、当時の国家主義という思潮の流れに沿いながらも、その内容には微妙な差異を含んでいる。

明治末期から大正初期の全発の言論は、日清戦争以後の支配的思潮である国家主義に沿うものであり、社会進化論に基づいた民族主義を前提にし、帝国主義による植民地政策や同化主義を容認するものであった。それについて全発は次のように述べている。

産業革命以来経済上の競争は愈々《いよいよ》激甚の度を加えて、列国は帝国主義を国是とし熾《さかん》に植民政策を講じて居る。されば日本帝国は率先して東洋諸国の覚醒を促さなければならない。

日本帝国は「同化吸収の力に富んで」おり、「されば琉球人や朝鮮人の民族性を殊更に破壊せずともこれを同化する容易《やさし》い事であろう」と。

それらの発言には、社会進化論を前提とした帝国主義の植民地政策に対する、全発の楽観的な認識が提示されている。それは、国家主義の流れに棹差す、全発の言論のある種の限界としてとらえることができよう。その時期の全発の言論を考えるときに、まずこの点が確認されなければならない。

しかし同時に、全発の言う、その「国家主義」の内容に関しても詳しく分析すべきである。以下、それについて二点ほど指摘しておきたい。

最初に、全発の言う「国家主義」の内容と、その時期の日本の言論界における国家主義の思想、すなわち日本主義に基づく帝国主義的な「膨張主義」との違いについて、である。全発は、前述したように「郷土人の明日」で、琉球民族の歴史を無視した従来の郷土教育の方針を批判して、郷土の歴史と琉球人の民族性を斟酌《しんしゃく》し、その民族的自覚を促しながら郷土教育を行うべきだ、と主張した。また、国家主義を、その郷土人の民族性の長所を発揮させることと、矛盾することなく調和するものとしてとらえていた。さらに、全発の言う同化主義は、強制的な同化主義ではなく、種々の民族性を破壊せずに同化吸収するものとして、いわゆる個々の民族性を尊重する「多民族的国家」として考えられていた。

それらの考えは、全発が植民地統治について書いた「殖民史を読みて感あり」(『沖縄毎日新聞』大正二年十一月二十六日)と「殖民地統治の結論」(『同』大正三年四月二十八日)の両論考においてさらに展開されている。その両論考で全発は、当時の植民地研究の成果を引用して、英国とフランスの植民地政策を比較し、被植民地の人材登用の道を開いてその自由発展の余地を与えた英国を高く評価する。そして植民地統治の方法として、極端な同化政策は常に失敗すること、母国の収入のみを顧慮した関税政策は失敗に帰すこと、被植民地人の自治思想を抑圧するのは危険であることなどを指摘して、次のように述べている。「(被―筆者)植民地人の自覚を抑圧して、その民主的精神を高揚せしめざるは、人道に反するのみならず、母国に同化することを難からしむる」と。

植民地政策について

また島袋全発は、日本の朝鮮、台湾における植民地政策にふれ、台湾では「砂糖保護政策のために武力を用いて人権を蹂躙《じゅうりん》して問題を惹起《じゃっき》し、朝鮮に於て言論機関を圧迫して問題を惹起」していると言及し、「当局有□はその衷心《ちゅうしん》に於て批難すべきもの少なしとするも、民間の母国人の態度頗《すこぶ》る放恣横暴を極め、識者をして憂慮せしむるものあり」と指摘している。このように、全発の言う国家主義には問題があるものの、高山樗牛《たかやまちょぎゅう》らの大和民族を根拠とする日本主義に基づいた、帝国主義的な膨張主義とは、明らかに異なっていた。

次に注目したいのは、帝国主義の植民地政策や同化主義に対する琉球人・全発の独自の視点である。それは、全発の主張する多民族的国家主義と、高山樗牛に代表される日本主義に基づいた帝国主義的な膨張主義との違いを考えるうえでも重要な意味をもっている。

その違いとは、全発が植民地政策や同化主義について論じる際、常に「被植民地の視点」から考察している点である。そのことを端的に示しているのが、前述した論考「殖民史を読みて感あり」である。全発は、この論考で植民地を執行した欧米の国々や人々を「北国」「北人」と呼び、それに対して被植民地の国々や人々を「南国」「南人」と区別する。そしてその近代植民地の歴史を、後者の被植民地の「南国」「南人」の視点からとらえ、それに文明の波及を重ねながら、人類共同生活に対する「南人」の貢献として、以下の点を指摘する。

余は、特に南人のために想ふ。真に人生を味ひ人生を説かんと欲せば、宜《よろ》しく虚偽を排し幻想を撤して、勇猛精神直ちにその真諦に触れんことを希《ねが》ふべし。……実に幽玄なる思索深遠なる信仰は南人の最も誇るべき特色なりき。後世幾多の人の子はこれによりて精神上の飢渇を癒して文化に貢献し、人類共同生活に幾何《いくばく》の光彩をか添へけん。

全発は、なぜそのような視点を持ちえたのであろうか。その理由について、次のように続けている。「余が郷土の如き亦《また》南国にして、余自らも南国人の性癖を具ふる者なり」と。全発の郷土である琉球・沖縄は、かつて日本において「被植民地の位置」にあった。そのような琉球・沖縄の立場が、彼のなかで、南の被植民地の視点から近代植民地の歴史をとらえる枠組みをもたらしたのだ。全発の先の発言は、そのことを如実に表している。また、その視点は、民族の同化主義に対する次のような全発の考え方にも示されている。

時勢の変かくの如きに当たって、政治上経済上で関係的劣弱なる民族は優強なる且《かつ》近親の民族に同化吸収《アッシミレート》されて、自他の保全を計り同胞の幸福を増すのが正当なる、而《しか》して止むを得ざる解決の方法であろう。

ここで全発は、変革時の政治経済関係において、「力なき民族」や「劣弱なる民族」が、「自他の保全を計り同胞の幸福を増す」ために、「優強なる且近親」に「同化吸収」されることもやむをえないと述べている。したがって、琉球人が自らの「民族性の長所を発達せしめる」ため、帝国日本の一員として「日本の国家主義を信奉すること」になんら矛盾しないと全発は主張する。さらに、その同化吸収を異なる管弦楽の合奏による「大調和」にみたて、「現在及将来の日本帝国は種々の分子を含んで、その国民性は豊富なる内容を有するもので、国民の各員が同じ性質の者ばかりでは却って心細い」とまで言い切っている。

その論説に対する評価はともあれ、全発の同化主義は、帝国主義の膨張主義による植民地側からの視点ではなく、あくまでも被植民地側からの多民族的国家主義の視点であったことが確認されよう。そしてその「被植民地の視点」は、琉球・沖縄に生を受け育った全発自身の、琉球・沖縄に対する自己認識がもたらしたものであった。

次に、後者の「琉球民族の民族的自覚」に関する論点についてみてみよう。島袋全発は、前に記したように、沖縄人と他府県人との間に「心意構造の異なり」を認めていた。それは、伊波普猷の「一大塹《ざん》壕《ごう》」論と類似する認識であり、全発と伊波の中で沖縄人と他府県人との間に違いがあることを認める点において同じ認識であった。では、大和民族と異なる「琉球民族」という認識についてはどうであろうか。全発は、瀧口談話で示されていた沖縄人と他府県人との間にある、「心意構造の異なり」については、伊波と同様な認識であったが、「琉球民族」の認識については両者の間に「微妙な差異」が存在した。

「琉球民族の自覚」について

まずは、伊波普猷の民族認識について検討してみよう。伊波は、沖縄人と他府県人との間にある「一大塹壕」に、多様な視点から「精神上のわたり」をつけるため、多くの啓蒙的な研究論文を書いた。それらの諸成果が収録された伊波の『古琉球』（明治四十四年十二月）の刊行は、全発をはじめ沖縄の「新人世代」に大きな影響を与えた。鹿野政直によると、それは次のような「二つの方向に反射」したという。「琉球とヤマトとの本来的同一性の確認」と「琉球としての自覚」という二方向で、前者が『古琉球』の諸論文で強調された「日琉同祖論」に、後者が「無双絶倫論（ユニークネス）」に対しての反応であった。また、その『古琉球』の巻頭四論文は、改訂増補されることによって、事実性を強調する純学術的色彩の強い文章から、経世論としての性格を帯びた史論性を強くもつ文章へと傾斜していった。その傾向は、日琉同祖論の展開においても同様だという（『沖縄の淵』）。それらの指摘は、伊波の「民族」観を考えるときにも大変興味深い。

伊波は、『古琉球』の諸論文と同じように、『古琉球の政治』（大正十年四月）の発行のときにも、旧稿である「古琉球の政教一致を論じて経世家の宗教に対する態度に及ぶ」（明治四十五年三月）の講演筆記に大幅に手を入れている。たとえば、「民族」観に関連する語句をみると、次のように変更していることがわかる。

（一）琉球民族→琉球種族

（二）沖縄人→琉球人

（三）吾々の祖先→古代日本人

この変更で（二）の沖縄人から琉球人への変更は、沖縄だけでなく奄美《あまみ》、宮古《みやこ》、八重山《やえやま》諸島を包摂した地域的領域で生きる人々の名称として「琉球人」という語句を選択したものと考えられよう。また、（三）では、「吾々の祖先」という語句が、より明確で具体的な記述として「古代日本人」という語句に変わっている点も重要である。そして、伊波の民族認識を考えるうえでとくに注目すべき点は、（一）の琉球「民族」から、その日本民族の下位単位としての琉球「種族」へと語句を変更している点である。さらに付け加えると、

『古琉球の政治』の翌月に書かれた「琉球民族の精神分析」（大正十年五月）では、表題では「琉球民族」と記しているが、論考の中では「民族」や「種族」が「県民性」という語句に変わっている点が確認できる。たしかに鹿野が指摘するように、伊波は「民族」と「人種」を「比較的に無造作に使うことが多い」し、その後の叙述の中でも「琉球民族」という語句がしばしば登場する。しかし、そのような重複はあったとしても、その変化の傾向性についてはおおむね指摘できるのではなかろうか。伊波の民族観を考えるうえで、その変化の傾向性は決して軽視しえない論点だと思われる。

明治後期から大正のソテツ地獄期にかけて、伊波の叙述の中でそれまでの「琉球民族」という語句が「琉球種族」へと変化し、「民族」という名称が「日本民族」や「大和民族」だけに限定されるようになっていった（ただし、過去の琉球人については琉球民族という語句を使用している場合もある）。それは伊波の中で、日琉同祖論の「事実性」の重視と、その「経世論」への傾斜により、「異民族」としての琉球民族が「日本民族の一支族」として「琉球種族」へ認識し直される過程でもあった。その背景には、民族の客観的要素を重視する伊波の姿勢が存在した。

全発の民族認識

次に、島袋全発の民族認識についてみてみよう。全発は、前述の「郷土人の明日」（明治四十四年）の中で、「琉球人の民族性」とか、「郷土人の民族性」とか、「琉球人や朝鮮人の民族性」という語句を使用している。その時期には、他の論者においても「琉球民族」という語句がごく普通に使用されていることを考えれば、全発の「琉球民族」「琉球人」という語句はさほど目新しいものではない。しかし、ここで注目したいのは、「民族」概念に対して伊波とは異なった、全発の認識における特異性についてである。

民族概念に対する全発の認識がよく示されているのは、「民族性と経済との関係を論ず」（『沖縄毎日新聞』大正三年三月二十三日〜四月二日）という論考である。それは表題のとおり、琉球の民族性と経済との関係を論じた十一回にわたる長文で、「郷土人の明日」の最後でふれていた「琉球人の特質」をあらためて検討している点でも、その問題意識を継承し深化させた論考だといえよう。とくに、全発の民族観を考えるうえで、第一回の稿は大変興味深い。全発は、統治権に支配される「国民」と文化にかかわる「民族」とを区別して、次のように述べている。

「琉球人は無論日本国民であるけれども、大和民族であるとするのには疑ひがある」と。そして、イタリアの国際私法学者であるマンチーニ（Pasquale Stanislao Mancini 一八一七―一八八八）説にならい、民族を「主観的方面」と「客観的方面」に分け、後者の客観的要素として人種、言語、宗教などの七要素をあげながら、前述の三要素は「日琉同祖説により□略々《ほぼ》解決がつけられ」ており、「琉球と大和は同じである」と指摘している。しかし、民族の主観的要素についての濤韻・全発の以下の記述は、前述した伊波普猷の民族観と比較して注目すべき論点が提起されている。

全発は、民族の主観的要素を「民族的自覚」に求め、一般琉球人に「浅く朧《おぼ》ろげながらにかゝる自覚があるとは云ひ得る」と述べ、「一般琉球人は大和民族の事を『ヤマントンチュ』（大和人）と呼びて『ウチナーンチュ』（琉球人）との間の差別を認めて居るのである」と言及している。そして、全発は次のように結論づける。

> 以上に依りて観れば、畢竟《ひっきょう》、琉球人は大和民族と極めて親密な関係にある異民族であるとするのが妥当ではあるまいか。

このように全発は、民族の「客観的要素」に対して、その「主観的要素」である民族的自覚を強調することにより、琉球人を大和民族とは違う「異民族」として考えたのである。

他方、前述したように伊波は、『古琉球』の中で「日琉同祖論の高唱」とともに、「琉球意識の強調」を主張していた。しかし、その後の伊波は、「日琉同祖論の高唱」を強めることと並行して、その叙述において「琉球民族」という語句を慎重に避け、日本民族の一支族である「琉球種族」という語句を使用するようになる。その背景には伊波の中に、民族の主観的要素としての「琉球意識の強調」よりも、民族の客観的要素を「科学的」に分析した「日琉同祖論」を重要視する姿勢が存在した。そこには、民族認識に対する全発と伊波との「微妙な差異」があった。それは、民族概念の客観的要素を重要視し、戦略としての「日琉同祖論」を高唱していく伊波普猷と、その主観的要素である民族的自覚を強調して、「琉球民族」を主張する島袋全発との差異である。

ところで、郷土研究や沖縄を考える視点で圧倒的な影響を受けた伊波普猷から、民族認識において、全発がまったく異なった視点を取ることができたのはなぜであろうか。そのことは、全発を囲繞《いにょう》する知的環境や、伊波と全発の世代間の違いを考えるうえでも大変興味深い問題を提出している。前述の民族に関する全発の論考は、彼が京都帝国大学を卒業する三、四ヵ月前に書かれたものであった。民族認識において、全発が全面的に依拠したのはマンチーニの主張する説だった。当時、ほとんど知られてなかったマンチーニの説を、全発はどのように学び、受け入れたのであろうか。それを検討する前に、全発が大学時代に読んだ学会雑誌について少し言及することにしたい。

マンチーニ説の受容

最初にふれた全発の義弟である富名腰尚友の作成による「島袋全発年譜」と令弟の島袋全幸の作成による「略年譜」をみれば、全発は一九一〇年（明治四十三）に京都帝国大学法科大学に入学し、一四年（大正三）に卒業していると記されているが、詳細は判然としなかった。全発が在学した当時の『京都法学会雑誌』（第五巻〜第九巻）で確認してみると、一〇年九月に入学し、京都法学会会員として「明治四十三年十一月現在の名簿」で初めて名前が確認できる。また、全発は一四年六月の卒業生として名簿に記載されており、卒業式が七月十三日に挙行されたこともわかった。さらに、『京都法学会雑誌』には、当時の法科大学の教官の論文とともに、「雑報」「彙報《いほう》」で講義科目や試験科目などで大学生活の一端を垣間見ることのできるような記事などの情報も数多く掲載されている。また、そこには大学での講演会や読書会などの内容紹介も掲載されており、全発が学んだであろう大学生活の状況や様子もうかがえ、当時の学生生活を知るうえでもとても有益である。

そしてさらに、『京都法学会雑誌』に収録された当時の法科大学の教官の論文を読んでみると、全発が大学時代に『沖縄毎日新聞』に投稿した文章と関係があり、大きな影響を及ぼしていることがわかった。たとえば、全発は「わが戸主制度の特質を論ず」（大正三年二月一日〜六日）という表題の文章を投稿しているが、それは全発も受講していた民法学の岡村司教授が受講学生に課した研究課題であった。『京都法学会雑誌』を一覧してみると、当時の法科大学の学生たちにとって、『京都法学会雑誌』はとても身近な学術論文としてよく読まれていたことがわかる。

さて、それらを踏まえたうえで、全発の民族認識に決定的な影響を及ぼしたマンチーニの説を、全発がどのように学んだかについてみてみよう。それについても、『京都法学会雑誌』を通覧したことで、マンチーニに関する法科大教授の研究論文や講演などを通して、全発が学んでいった経緯がよくわかった。その経緯を記してみると、以下のようになる。

当時、京都帝国大学法科大学教授・千賀《ちが》鶴太郎が、一九一〇年（明治四十三）六月から一年間にわたって欧米留学に出かけている。その帰朝後の一一年（明治四十四）十月に、千賀教授が京都法学会大会の「教授学生併セテ三百余名稀ニ見ルノ盛会」において、「『マンチーニ』ノ民族主義」という表題で「滔滔《とうとう》数万言ヲ費シ約二時間ニ渉ル大演説」を行っている（『京都法学会雑誌』第五巻、第六巻）。さらに、同教授が、「マンチーニノ民族主義」という表題で、『京都法学会雑誌』に二回に分けて論文を投稿（同第六巻、第七巻）していることもわかった。

全発が、その千賀教授の「マンチーニノ民族主義」の論文を読み講演で学んだことは間違いない。しかし、両者の論考を読み比べてみると、千賀教授の論文や講演から学びつつも、全発が千賀教授の主張を全部受け入れたわけではないことも確認できる。そこからは、全発が沖縄の状況に照らし合わせ、マンチーニの民族観から独自に取捨選択して学んでいることがわかる。たとえば、千賀教授は、マンチーニの民族主義の考え方を紹介しながら、一回目の論文の最後でそれを七項目にまとめながら次のように批判している。

マンチーニによると、民族を形成する客観的要素としての七元素は相対的であり、より重要視されるのは「民族の主観的要素である民族的自覚心」である。しかし、その「民族的自覚心」は民族にともなって起きるのではなく、むしろ国家の成立にともなって起きるものである。しかも、その政治的団体は一村一町から数個の国家まで広がりがあり、それで成立する自覚心は相対的なものであって、絶対的ではない。そのような自覚心では民族の区別の標準とすることはできないし、マンチーニの説には「二つの誤謬《ごびゅう》」があるとして、続けて次のように批判する。「民族ノ主観的標準タル所謂《いわゆる》自覚心モ相対的ナレハ、又其《その》客観的標準タル所謂七元素モ相対的ナリ。従ヒテ民族其者モ相対的タラザルヲ得ズ、決シテ画然互ニ分離シテ併立スルコト国家ノ如キ者ニ非《あら》ズ。氏ハ此《この》点ニ於テ、第一ノ大謬ニ陥レルモノ謂《い》フベシ。次ニマンチニーノ第二ノ大謬ハ、所謂民族ヲ法的団体（即チ法人ノ一種）ト看做《みな》シ又国際公法ノ主体ト看做スコト是ナリ」と。

さらに、千賀教授は、マンチーニの説にはその「二大謬」とは別に「一真理」があると述べ、それは民族の客観的要素の七元素を具備している国家が、愛国心や団結力の強固な「民族的国家」だと称し、その「民族的国家」とは「我日本」だと、次のように断言する。

凡《およ》ソ一箇ノ民族的国家ノ諸要素ヲ完備セルコト我ノ如キ者ハ他ニ比類アラス、況《いわ》ンヤ我皇室ノ万世一系タルハ我民族的国家ノ脊髄《せきずい》ト為《な》ルニ於テヲヤ……国際間ニ於テ一等国ノ班ニ列スルヲ得ルノ今日アルハ我民族的国家ノ諸要素ノ全備セルニ基因セスンハアラス。

そのような、マンチーニの民族主義に対する千賀教授の論評に対して、全発が受け入れたのは、すでに述べたように、民族の形成における、その客観的要素よりも主観的要素である「民族的自覚」を重視するという論点だけであった。

全発は、マンチーニの民族主義に対する千賀教授の批判については、ほとんど受け入れていない。ましてや、千賀教授がその論文の最後で力説した、マンチーニの民族主義の「一真理」として評価した点、すなわち我国「皇室ノ万世一系タルハ我民族的国家ノ脊髄ト為ル」という論点については、まったく気にとめていないのである。そのことは、全発が大学での指導教授の論文から深く学びながらも、自らの判断によって取捨選択を行っていることを示すものである。それは言い換えると、全発が大学の諸教授たちの諸知識を没主体的に受け入れていたわけではなく、沖縄の情況に照らしながら重要な部分だけを引き出すという、主体的な積極的行為であったことを表している。

乃木希典の殉死について

一九一二年（大正元）九月十三日午後八時、明治天皇の柩《ひつぎ》出棺の号砲とともに、陸軍大将乃木希典《のぎまれすけ》・静子夫妻が自宅で自害した。それは明治天皇に殉じた乃木大将の自決であった。

図７　比嘉春潮（那覇市歴史博物館提供）

明治天皇の死と、この「乃木殉死事件」は、「明治」という一つの時代精神の終わりを告げたと言われ、それらの事件は、明治的精神の終焉と、「大正」という新しい時代思潮の生誕をうながした象徴的な出来事として受けとめられた。とくに乃木殉死事件に対する見解の違いは、たとえば文学者の表現において、明治的エートスの体現者としての森鷗外《もりおうがい》や夏目漱石《なつめそうせき》の叙述と、大正期の新しい時代思潮を代表する志賀直哉《しがなおや》や芥川龍之介《あくたがわりゅうのすけ》との違いとして表れた。また思想的には、明治天皇の死と乃木大将の自決は「父」の死としてとらえられ、明治の思想的雰囲気を形作っていた「権威」「素朴」「静寂」の三つの死として解釈されている（河原宏「第一次世界大戦と政治シンボルの転換」）。

沖縄の青年知識人や言論人たちも、この乃木殉死事件に対してすばやく反応した。当時二十九歳で小学校教員であった比嘉春潮《ひがしゅんちょう》は、日誌（「大洋子の日録」）の中で、この乃木殉死事件について三度ふれており、それに対する関心の高さがうかがえる。比嘉は、この事件に関する論議を以下の三つに分類している。

一、旧式の人で学者政治家の考え＝武士道の権化、壮烈。二、新思想の学者青年の考え＝無意味、偽善、旧思想の犠牲。三、思潮の如何なる者たるを知らず、単に生活していく一般の人の考え＝えらい。

そして、自らの考えを他の箇所で次のように述べている。

乃木大将の殉死に就《つ》いて、大和魂の権化だと、或人々《あるひとびと》が誉《ほ》める。僕は誉め度《た》くない。馬鹿な事だ。国の為めに命を捨てるなどは、誠に美しき行ひである。併《しか》し此度《このたび》の殉死が果たして何になるか。或は言ふだらう、そんな点から論じてならぬと。併し、日本帝国全体が殉死したらどうだ。兎《と》に角《かく》、僕は不賛成。涙で見るべき滑稽なりと思ふ。

比嘉は、乃木大将の殉死を賛美することに「滑稽」で「馬鹿な事」だと記し、自らの認識を「新思想の学者青年の考え」に与《くみ》するものとしてとらえた。そして、その比嘉の認識と同様な主張を展開したのが、『沖縄毎日新聞』の記者である山城翠香《やましろすいこう》の「現代文明の一転機を象徴せる殉死」という論説であった。翠香はその論説で、乃木の殉死に「古代の遺物」としての「武士道の弊風《へいふう》」をみて「現代文明に背反せる」と断じた。比屋根照夫によると、その翠香の論説は、全国の地方紙の中でも高い思想的水準にある言論内容であった、と指摘されている（「伊波周辺の青春群像」）。

また、伊波普猷はこの乃木殉死に関連して、沖縄における殉死の歴史的変遷の考察を行った「沖縄の殉死に就いて」を発表した。同じく民族学の末吉麦門冬《すえよしばくもんとう》も、江戸時代の殉死と乃木大将の殉死との類似点を述べた「堀田父子の殉死と乃木大将の殉死」を書いている。その両論考は、乃木殉死事件を正面から論じた翠香の論説とは異なり、主題に対する歴史的事例の考察というアプローチがとられており、その意味でこの殉死事件に対する論述スタイルや手法の違いは、沖縄の言論人の各々の思想的位置や学問的枠組みの違いを表していて興味深い。

さて、濤韻《とういん》・島袋全発は、乃木殉死事件に対して、『沖縄毎日新聞』に二つの文章を投稿している。「秋風淅瀝《せきれき》」（大正元年九月二十七日）と「乃木将軍の自殺に就いて」（同二十八日）である。その論述スタイルは、歴史的事例を考察した伊波普猷や麦門冬と異なり、乃木殉死事件そのものを論じた翠香のそれにちかい。しかし、その言論内容については、翠香の論調とも明らかに異なっている。全発の二つの文章には、その時期の彼の考え方の特徴や、その独自な視点が指摘できる。

全発は、乃木将軍夫妻の殉死について、「悲痛の感ひしひしと迫り来り、涙数行想わずホロリと致し候」と述べ、その行為に対し次のように言及する。確かに「理論」から言えば「多少の批難」もあるが、しかし「かくの如き偉大なる人格のかくの如き悲壮痛烈なる死はむしろ自然的にして至誠の理論を超越するもの」であり、「客観的に批判することは出来ない」と論じ、「客観的観察も至誠なる人格の前にては何等の用をもなすべからず価値は主観の世界にあり」と主張する。そして、乃木将軍は、「終始一貫武士道の権化であった」と指摘し、乃木のその「犠牲的精神」は「一種の宗教的信念」であると高く評価する。

この乃木将軍の殉死に対する全発の評価は、前述した比嘉春潮の三分類でみると、武士道の権化や壮烈さを主張する「旧式の人で学者政治家の考え」方のタイプにほとんど近いものである。その点で、全発の認識は、武士道を「現代文明に背反せる」「古代の遺物」と断じた翠香や、乃木将軍の殉死を賛美する論調に対し「滑稽」で「馬鹿の事」と記述した春潮の認識には、遠く及ばない。しかし、全発のこの文章における特徴はそこにあるのではない。むしろ、その考え方や視点の特異性は、以下の論点にあるといえよう。

全発は、「それに関連して多少感じたことがあるから偽らず述べて見よう」と、次のような「吾等《われら》琉球青年は、武士道を解せりや」という問いを投げかけ、「大和民族の根本性には武士道的精神の尚ほ滂沱《ぼうだ》たるものあり」と言及しながら、以下のように述べている。

「吾等（琉球青年─引用者）の胸に動悸うつ血汐《ちしお》に果して武士道の三字があるかと問はれたならば、如何に考えても、肯定することは出来ないと思ふ」「況《いわ》んや歌謡伝説の如き比較的民族性の能《よ》く表題さるべき要素には単純なる恋愛物のみ多くして、古武士の俤《おもかげ》を偲ぶよすがともなるべきものは至つて稀であると云はねばならぬ」。そして、「吾等には武士道の精神の滋味《じみ》を根底より味はうことが出来ない。発揮することはできない。悲しい次第である」と記し、次のような結論を提示する。

武士道を解せざること必ずしも悲しむ可《べか》らず。吾等は紳士道によりて、犠牲的精神を養成して、以て君国並びに人文に貢献せんことを心掛くべきである。

この箇所は、乃木殉死事件を論じた沖縄の他の言論人の論説とは違う、全発の文章の特徴的な論点である。とりわけ、大和民族の「武士道」とは異なる、沖縄の「紳士道」という論点は注目に値する。実は京都帝大文科大学教授の谷本富《たにもととめり》も自著において、生命を軽んじる旧人の武士道に対して、新人物の生き方として生命を大切にし人格を重んじる西洋の紳士道の重要性について言及している（『新教育講義』）。全発が、この谷本の著書を読んでいたことはたぶん間違いなかろう。だがしかし、全発は谷本の説をすべて受け入れているわけではない。西洋での「紳士道」の重要性の強調においても、全発は沖縄の「吾等琉球青年」に引き付けて主張しているのである。この結論には、大和民族と異なった、琉球人の民族意識を強調する全発の考え方が背景にある。

京都帝大法科大学自治問題

その後、この乃木殉死事件の波紋は、当時京都帝大法科大学の学生だった島袋全発たちに新たな問題を投げかけることになる。京都帝大文科大学教授で、法科大学でも教えていた教育学の谷本富は、乃木殉死事件に関して、『大阪毎日新聞』（大正元年九月十八日）に次のような内容の談話を発表した。

乃木大将の自殺は武士道に基づき壮烈無比で少しも虚偽はなく感動した。しかし、それに双手《もろて》を挙げて賛成はできない。大将は一刻者で一徹者であるが、世間の才学や技術において卓越でない。戦いの指揮でも猛烈で剛胆だが、連隊旗を賊手に奪われる大失敗をした。大将は狐相で下賤の相に近く高職に上がるべき富貴も天分もない。総体に評せば、第一流の智識を備えた人とはいえない。大将の誠忠無二の最期に多大の同情と深く敬意を払うが、殉死は今日の科学観では無意味であり、国法上でも毫《ごう》も賞賛すべきことではない、と。

この谷本の談話は、すぐに大きな反響を呼び、強い反発と非難を受けることになる。谷本の自宅には連日何百通という脅迫状が寄せられ、京都大学では谷本が専攻する教育学の新入生もなく、教授間からは谷本の放逐《ほうちく》の議が出て、他大学での講義では学生たちのボイコットが起こったという（佐々木英昭『乃木希典』）。比嘉春潮は日誌の中で「京大の谷本博士は異論を立てて大いに攻撃を受けて居るらしい」「谷本富博士が乃木大将を笑って、包囲攻撃に逢って居る」と、その反響の大きさに二度もふれている。谷本は、自己顕示欲が強くて毀誉褒貶《きよほうへん》も激しく、教育学説もいろいろ変転しているが、この時期の谷本は新思潮に基づく「新教育」を主張する代表的な論客だった（稲葉宏雄『近代日本の教育』）。『大阪毎日新聞』はその翌々日、批判的な反響を「修正」するために、急遽「殉死は権威ある死」とする三宅雪嶺《みやけせつれい》の談話を掲載したが、反発はすぐには収まらなかった。そして、先の談話が一つの原因となり、ついに谷本博士の京都大学教授罷免《ひめん》にまで発展することになる。いわゆる「京都大学・沢柳事件」の発端で、一九一三年（大正二）七月に就任少時の京都帝国大学総長沢柳政太郎《さわやなぎまさたろう》が教授会の同意を経ることなく、谷本を含む七人の教授・助教授を罷免した事件である。

乃木将軍の殉死とその偉勲や人格を高く評価していた沢柳総長による七教授罷免事件は、その後大学の自治問題ならびに待遇要求問題にまで展開し、京都帝大法科教授総辞職と沢柳総長の不信任・辞職問題にまで波及していく。結末は京都帝大法科教授全員の復職と、沢柳総長の辞任という結果となったが、その沢柳事件の経緯や内容、顚末については『京都大学百年史・総説編』、伊藤孝夫『滝川幸辰《たきかわゆきとき》』、新田義之『沢柳政太郎』などに詳しい。とくに沢柳事件の分析に画期的な進展をもたらした松尾尊兊《まつおたかよし》は、沢柳事件の問題点として次の四点を指摘している。第一は、大学自治をめぐる文部省と帝国大学との抗争。第二は、教授会の人事権の獲得と総長公選を実現させる道を開いたこと。第三は、大学自治の前進の政治的背景に大正デモクラシー運動の高揚があったこと。第四は、学問研究の自由、大学の自治が明確に制度化されなかったこと、を挙げて同事件の影響力を指摘している（『滝川事件』）。

伊波月城の論評

その経過について、沖縄において京都からの情報に基づき新思潮（国家主義を批判する新人世代の思潮）の立場から的確な論評を加えたのが、伊波普猷の弟で『沖縄毎日新聞』記者である伊波月城《いはげつじょう》の「粗枝大葉《そしたいよう》」（『沖縄毎日新聞』大正三年一月二十四日）であった。この文章の中で、月城は次のように記している。

> 『孝道』の著者沢柳政太郎氏が京都帝国大学総長に任命せられた。当時□大葉子はこれは何だか変だと思っていたのに果せる哉《かな》、京都法科大学には大事件が惹起した…。
>
> 京都大学の紛擾は谷本博士罷免事件がその原因となって居るようだ。谷本博士は日本に於ける新教育の主唱者であるのみならず、官僚主義が危険視する新思想者の鼓吹《こすい》者にして日本に於けるフィヒテたることを自認するところから官僚政治家の忌《い》むところとなり、且つ旧日本の最後の代表者たる大将乃木に対する、自由思想家としての彼の忌憚《きたん》なき批判が旧思想家の忌むところとなったのを奇貨《きか》おく可《べ》しとなし、彼と思想学説及び感情を異にする沢柳氏を京都大学の総長たらしむるに至ったのであると思惟するのである。

月城がこの事件に対し、沖縄の地において的確な論評ができたのは、その経過に関する正確な情報の提供があったからだ。その情報を京都から提供していたのが、島袋全発であった。全発は、『沖縄毎日新聞』の客員執筆者として、その前に「京大法科は廃せらるる乎《や》」「睨《にら》まれる京都大学」「京大便り」（三文章は無記名だが、内容から全発の文章だと推定できる）などの情報を京都から随時寄せるとともに、自らもこの沢柳事件についての次のような論考を新聞に発表している。全発は、『沖縄毎日新聞』に「京都法科大学自治問題側面観」という表題で三回の連載（大正三年一月二十三日～二十五日）と、「京大問題側面観の二」（同三十一日）を投稿している。

沢柳事件の顚末

この沢柳事件の後半は、京都帝大法科大学教授の総辞職と沢柳総長の不信任・辞職問題にまで展開し、全発が所属した法科大学学生たちまで巻き込んだ大きな社会問題と化した。全発も法科学生として学生大会に参加し、法科大学教授諸氏の留任の決議を行っている。彼は、その学生大会の議事進行が整然と行われた様子を、この連載文の後半で書いている。法科学生であった全発は、この事件に対し高い関心をもって行動した。このような学問の自由や大学の自治を主張する教授たちを支援した学生たちの行動は、本格的な学生運動というにはほど遠いが、大学での学生運動の嚆矢《こうし》といえるものであった（『京都帝国大学学生運動史』）。また、この事件が学生たちに与えた影響を含めて、学生たちの行動は短期間ではあったが、日本の学生運動史上、個別大学の学生運動としてもっとも結束した形態の一つだったと評価されている（渡部宗助「京大『沢柳事件』再考〈上〉」）。

谷本の罷免の背景には、沢柳による谷本の教育学への批判が基底にあり、谷本の乃木批判が惹起《じゃっき》した世論の動向も考慮され、谷本の免職が要請された（稲葉宏雄『近代日本の教育』）。全発は、その文章の中で沢柳事件の発端であった谷本の罷免に関して直接には論じていない。事件の経過説明でわずかにふれていることと、その連載文の末尾の参考論文に法科教授の論文とともに、谷本教授の「大学自由論」が見られるだけである。

全発によると、この沢柳事件は二つの点で学生に関係する。「大学制度としての自治問題の研究」という理論的側面と、「学生の態度及び行動の決定」という実際的側面である。とくに「大学の自治問題」が、いかに「学問の独立研究の自由」のために肝要であるか、そしてその大学の「自由自治」を確保するために、いかに「官権の濫用《らんよう》」を防ぐべきかが重要であると指摘している。全発は言う。「官僚的権威を以つて、これ（大学の自治）を拘束し自由討究に妨害を与へたらば真理を愛慕し追及することは出来ない。真理はそれ自ら権威あるものなると共に又人類に幸福を齎《もたら》すものであり、従つて国家に対しても絶大の貢献をなすものである」と。

さらに京都大学自治問題に具体的にふれ、法科教授が主張する論点から次のように述べた。大学は創立当初から大学自治の実現を期し、学長の任免も教授会の互選によって、また教授の任免も各分科大学の教授会の議決を経たうえで行うように主張してきた。ところが、沢柳総長が赴任してきて突然に七教授の罷免事件が起こり、法科教授会はこの事件は総長の専断主義によって従来の慣例を破壊するものであり、現制度の手続きにも問題があると主張し、沢柳総長との間に問題が起こったのである。このように、全発は沢柳事件について「学問の自由」や「教授会の自立性」という大学の自治や学問の自由の視点から論述した。しかし、その結論は、意外なほど穏やかでおとなしいものとなっている。

理論上の大学自治論について余は何等研究した者ではない。故に単に以上の如き紹介をなし得るに過ぎない。又たとひ研究した事があるにしても吾等学生はこれを単に理論的に学術的に観察し批評し是非し得るに止まり、総長及教授の行動について批評し是非することは出来ない。

ここには、島袋全発の極端に走らず、自らの領分を越えないという姿勢が表れている。だがそれに対し、この事件の問題点を明快に抉り出して、新思潮の立場から次のように激しく指弾《しだん》したのは伊波月城であった。

要するに京大問題は新思想と旧思想との争い。官僚主義と民本主義の戦争と見るのが当たって居ると思う。

あらゆる新思想を危険視する旧人輩は早く死んで貰いたい。

この問題に対する両者の結論の違いは、きわだっている。その違いは、急進的な月城とは異なった、中庸な全発の思想の特徴をよく表している。

人物評伝などの歴史論

次に、島袋全発が大学時代に書いた評伝や経済史を中心とする郷土史についての歴史論の系列についてみてみよう。

その時期に全発が書いた人物評伝は、近世琉球を代表する、二人の政治家「羽地《はねじ》按司《あんじ》向《しょう》象賢《じょうけん》」（『沖縄毎日新聞』明治四十五年一月十三日～十六日）、「具志頭《ぐしちゃん》親方《うぇかた》蔡温《さいおん》」（同二十一日～二十五日）と、一人の文学者「平敷屋朝敏《へしきやちょうびん》」（同二月三日～八日）である。

全発は、「平敷屋朝敏」の中で、郷土の歴史上の人物を取り上げて批評する目的を以下のように書いている。「吾等は郷土に産まれたなるべく多くの人間の個性を知って（琉球人の――引用者）民族性の研究に資せんとするものである」。全発において、郷土の歴史上の人物について考察することは琉球の「民族性の研究」の一環であった。したがって、その人物を批評する方法が、特に重要な意味をもつ。全発によると、評伝を書くとき最も邪魔になるものは、「先人がなした比喩的評語」と「因襲の独断」であり、それを洗いさっていかに接することができるかが重要である。何の先入観も持たない「子供心」により、その人物を描き出すことが、人物の個性を理解する批評の方法だという。

さらに全発は、郷土の歴史上の人物を、「琉球人は低能民族だ」という批評への反証として考察するなら、「先入主の思想や感情の塊を一掃して筆を執るべき」だと主張する。なぜならその先入観による評伝は、逆に「琉球民族をして低能民族たらしむる誘因となる」と指摘し、「偽らずに評伝して過去の郷土人が低能民族だったという結論に到達すべき前提になったならそれも面白いではないか」とさえ言い切るのである。そのような記述から、人物評伝に対する全発の明快な視点や方法とともに、琉球を客観的にとらえる姿勢とその自信が読み取れる。

ところで、全発が、郷土の歴史上の人物の中から、とくに「蔡温」「向象賢」「平敷屋朝敏」を取り上げて評伝を書いたのはなぜであろうか。それらの人物や作品については、全発がその後も何回かふれているように、高い関心を寄せていたことがわかる。蔡温と向象賢に関しては後で考察することとして、まずは平敷屋朝敏について考えてみたい。

全発は琉球文学を慶長《けいちょう》の薩摩侵攻（一六〇九年）以前と以後の二期に区分し、前者をオモロに代表される「純琉球文学」、後者を日本文学の影響を受けた折衷《せっちゅう》・模倣による「準琉球文学」と定義している。全発によると、平敷屋はその第二期を代表する作家で、形式的には日本文学の影響を受けているが、その内容において「琉球人の民族性」である固有の情緒を生き生きと描いたと評価する。さらに、その平敷屋を「意気のある才人で多感多情」と評しながら、他方で蔡温の政治に反対する国事犯としての一種の「危険思想家」であったと書いている。そして興味深いのは、全発が昭和十五年の「方言論争」のため県立図書館長を解任された直後に、再びその危険思想家である平敷屋を取り上げて、「苔の下」の注釈（『文化沖縄』昭和十五年九月号）を行っている点である。

全発は、遊女よしやと按司との恋愛が継母の画策により悲哀となる物語「苔の下」を、戦時体制下という時局に「注釈」することで、どのような主張をこめたのであろうか。ここには、戦時体制下の方言論争の直後に平敷屋を取り上げる、おだやかだが一つの志操をもった全発の姿勢がみえる。

伊波の影響と相違

続けて、向象賢と蔡温に関する記述についてみてみよう。全発は、「羽地按司向象賢」の最初で向象賢と蔡温について書くきっかけになった直接の理由を二つあげている。一つは伊波普猷より送られた『古琉球』を大晦日から明治四十五年の元旦にかけて耽読し感銘を受けたこと、二つはその付録として収録された向象賢の「仕置」と蔡温の「独物語《ひとりものがたり》」を読んだことである。その理由とともに全発の執筆に大きな影響を与えたのは、明治四十四年八月『沖縄教育』（沖縄私立教育会創立二十五年記念号）の「偉人伝」に収録された伊波の「沖縄の代表的政治家」（同月の『沖縄毎日新聞』に転載）に触発された点も大きかった。全発は、その後の「蔡温の経済観の管見」の中で、それについてふれており、全発の人物評伝が伊波の一連の論文に大きく触発されて書かれたものであることは疑いない。

だが全発は、伊波の論文に大きく影響を受けつつも、向象賢と蔡温について伊波とは異なった独自の論点から論じている。それは、向象賢と蔡温に対する両者の評価の違いとして表れている。伊波は「沖縄の代表的政治家」で、向象賢に対して蔡温を次のように評価した。

> 彼（蔡温—引用者）は向象賢よりも一入《ひとしお》（より）大なる時勢の解釈者であった。彼は時勢の謳歌者に非《あら》ずして、むしろ時勢の作為者であった。向象賢は琉球を経済的に絞って、更にその進むべき方向を提示したが「人間実理実用之道有形無形其秘旨」を伝授された蔡温は、向象賢の造った余裕を利用して、琉球人にただ租税を払って生きるという外に、更に人間として為さねばならぬことがあることを暗示した。

それに対して全発は、向象賢と蔡温を比較して以下のように述べている。

> 羽地按司（向象賢）は琉球人の典型にして具志頭親方（蔡温）は大和民の風あり、個性的な性格は前者これあらん。類型的な性格は後者これを具《そな》う。羽地按司は社会の風潮□頽廃紊乱《たいはいぶんらん》せる時の三司官なりき。具志頭親方は精神的にも物質的にも文化高調

せる時代の三司官なりき。後者は静かに余生を楽しみて自叙伝をものにし、前者は孤独を悲嘆して死せり。彼等とても時勢の産児たるからには時勢を離れて彼等を見るに能《あた》わず。

そして、次のように評価する。

余輩は具志頭親方蔡温を嘆称し羽地按司向象賢に同情を捧ぐる者なり。若《も》し夫《そ》れ両者の伝える余韻に至っては寧《むし》ろ羽地按司に微妙の情調を与えられる感なくんばあらず。エマアソン曰く。誤解さるるものは常に偉大なりと。国中に同心のものなく無形の迫害に堪えたりし向象賢の終り、偉大なるかな。

このように向象賢と蔡温の評価において、全発と伊波との間に明白な違いが見られる。とりわけ、全発が「時勢との関係」を重要視することによって、向象賢に同情し、高く評価している点が注目される。一方で蔡温についても、昭和戦前期に「蔡温年譜」「蔡温の居家必賢」などを執筆するなど持続的な関心を寄せている。また向象賢については、戦後の米軍占領下時代に再度論じることになるが、その内容については後に詳述する。

ただここで指摘したいのは、時勢との関係で評価した向象賢を、全発が米軍占領の状況下で再び論じたことの意味である。全発にとって歴史人物を論じることは、ときに現在を論じることと等価であった。

郷土史関連の論文

全発は大学時代に、経済史を中心とする郷土史関連の論文を『沖縄毎日新聞』に数多く投稿している。とくに、一〇回前後にわたった連載という長い論文が特徴である。その時期に、後に郷土史家として一家を成す島袋全発の豊かな素地が形成された。郷土史に対する全発の関心を触発したのは、やはり伊波普猷の存在であり、明治四十四年の伊波の『古琉球』であった。前述した人物評伝を含めて、その時期に書いた郷土史関連の論文は伊波の『古琉球』に収録された一連の論文から大きな影響を受けている。全発は「羽地按司向象賢」の最初で、伊波の『古琉球』について次のように述べている。

『古琉球』に蒐《あつ》められた論文は私も嘗《かつ》て一読したのが多いが氏の述作はいつ見ても新しみを感ずることが出来る。氏は混とんたる古琉球の世界を照らすに「オモロ」という燈火《ともしび》をかかげられた。「オモロ」は古琉球を探るに唯一欠くべからざる燈火である。チェンバレン氏をして不可解な韻文なりと嘆ぜしめた「オモロ」は手にとって見る人は多くてもただこれに点火する学者は居なかった。それを多年の研究の結果、伊波氏が解釈せられたのは唯□郷土の誇りのみでは已《や》まぬ。「オモロ」は古代希臘《ギリシャ》に於けるホーマーの詩の如く、日本本土における古事記万葉集の如く、琉球にとっては不磨宝典である。この宝典を解釈せられた丈で伊波氏の事業は半ば成功した。『古琉球』は氏の事業の一部に過ぎぬであろう。

長々と引用したが、この文章から伊波のオモロ研究に対し、その当時の全発が、深く敬意を表していたことがわかる。後でふれる昭和戦前期の全発の「新おもろ学派」と伊波との関係を考えると大変興味深い。前述の人物評伝を含め「慶長以前の経済史概論」（大正二年二月十八日〜二十六日）、「民族性と経済との関係を論ず」（大正三年三月二十三日〜四月二日）の中には、伊波の『古琉球』からの引用が多く見られる。

一例をあげてみると、前者の論文で次のように記している。「伊波普猷氏は『ちねんもりぐすくかみたれはじめのぐすく』という『おもろさうし』の一節を解釈されてアマミキヨ種族が最初久高島《くだかじま》に到着しそれから知念《ちねん》に上陸して玉城《たまぐすく》に居を下ろしたのであろうと述べられて居る（『古琉球』「琉球人の祖先について」参照）」（大正二年二月十九日）。これからも確認できるように全発は、伊波のオモロ研究をはじめ沖縄研究に関する知見から多大な刺激と影響を受けていた。それはまた、その時期の伊波のアイヌに関する認識についても同様であった。全発は「民族性と経済の関係を論ず」で次のように書いている。

わが琉球民族は過去に於て民族として誇るに足るべき偉人を産んで居る。向象賢・蔡温・程順則《ていじゅんそく》の如きそれである。これ民族として劣等ならざることを暗示するものであってアイヌやコロボックルと異なる事これによりても証明せられる。

この部分は、伊波が『琉球史の趨勢』の中で書いた「アイヌを御覧なさい。……やはりピープルとして存在しているではありませんか。不相変《あいかわらず》、熊と角力《すもう》を取っているではありませんか。彼等は一個の向象賢も一個の蔡温も有していなかったのであります」との記述と、ほとんど同じだと言ってよい。その時期の全発は、伊波の沖縄研究のみならず、明治後期の伊波のアイヌ認識からも、同様に大きな影響を受けていたことがわかる。ただ、大正後期の伊波のアイヌ認識の転回後に、全発のアイヌ認識がどのように転換したかどうかについては、今のところ全発のアイヌに言及した文章が見当たらないので、その点については不明である。

河上肇舌禍事件と河上の影響

また、経済史を中心とする郷土史の叙述において、その時期の全発に大きな影響を与えたもう一人の人物が河上肇《かわかみはじめ》である。この時期、河上と沖縄との関係で大きな騒動となったのが明治四十四年四月に起こった「河上肇舌禍《ぜっか》事件」であった。

河上舌禍事件とは、河上肇が沖縄の地割制度や糸満《いとまん》漁民の夫婦別家計の背後にある個人主義経済の調査のため来沖したさい、県教育会の要請に基づいて開催された「新時代来る」という講演内容に端を発している。河上は同講演の最後の部分で、日本本土とは歴史人情が異なる沖縄の独自性に基づく愛国心の希薄さを指摘し、国家主義の謳歌する今日の日本の中にあって、その忠君愛国の思想に乏しい沖縄の人々の心情を喜び高く評価した。さらに世界を見ると、中心から離れた周辺部に位置する、いわゆる亡国の民の中からキリストや仏陀のように一大偉人が輩出しており、日本の周辺にある沖縄の地からも一大偉人が出るのを期待するとの講演を行った。

しかし、その講演に対し、日清・日露戦争以降に忠君愛国と国家主義思潮を強力に推進していた沖縄県や教育会の参加者から、同思潮に相反した内容だとする強い反発と非難の声が提出された。それらの批判の声に対して、河上は誤解を解くため再度「矛盾と調和」という講演をしたが、反発や非難の声は収まらず、河上は調査日程を繰り上げて急遽帰京せざるをえなかった。帰京後、河上は京都帝大法科大学法律学経済学研究会の講演で舌禍事件にふれ、「琉球人ノ忠君愛国思想ニ関スル観察ニシテ、『愛国心ハ羅馬《ローマ》ヲ距ルホト強シ』ノ古諺《こげん》」を引用しその裏面について言及、さらに論考「琉球糸満ノ個人主義的家族」の補言では琉球で求められた講演で「一部ノ人士ハ誤解ニ次グニ曲解ヲ以テシ、攻撃ニ次グニ侮辱ヲ以テシタリシ」と述べ、その当時の困惑や苦悩を吐露している。

その河上非難の中心の舞台となったのが、従来から忠君愛国と国家主義思潮を紙面で主張していた『琉球新報』の論調であった。同紙は河上の講演内容に対して次のように非難している。「(河上は―引用者) 本県民の国民道徳に欠けたるを云々し実に容赦はならぬ大々的侮辱を加わえたるのみならず、更らに進んでは印度《インド》や猶太《ユダヤ》の亡国の例に倣《なら》うべきを論じて恐るべき非国民的精神の発揚を鼓吹《こすい》したるにあらずや」(『琉球新報』明治四十四年四月八日)。

それに対して、河上の言論内容を擁護し、非難は河上の言論を誤解するものとして反論したのが、新人世代の記者である伊波月城や山城翠香を擁した『沖縄毎日新聞』の論調であった。彼らは『琉球新報』の論調に対して次のように反論している。「吾々否《いな》私は琉球(新報の)記者の頭の中にある忠君愛国家たらんよりも国家思想に乏しいといはれるのを喜ぶのである。琉球記者一流の人に忠良なる日本人と呼ばれんより亡国の民といはれるのを希《ねが》ふのである」(『沖縄毎日新聞』明治四十四年四月十一日)と。月城や翠香などの新人世代に言わせると、この河上舌禍事件で顕わになった忠君愛国と国家主義思想に対する両者の論調や考え方の違いは、「旧人」の思想と「新人」の思想の争いであった。そして、全発の考え方も、河上の言論を擁護する『沖縄毎日新聞』の論調に連なり、新人世代の思潮に同調するものであった。

ところで、全発が河上舌禍事件についてふれた文章は、思いのほか少ない。たとえば、河上舌禍事件が起こったとき、全発はすでに京都帝国大学の学生であり、来沖中の河上を義父の謝花《じゃはな》家に泊めるなど便宜を図っているが、その事件について全発がふれているのは管見に入った限り、次の文章だけである。

而《しか》して一犬吠えて万犬之《これ》に和し為に、志士仁人を暗殺するが如き事は沖縄県民の短所なる由に、余輩の常に開ける口にして、現に余輩の師河上肇先生の如きも多数者の罵言《ばげん》に遭ひし由なるが、斯《かく》の如き無法非理口余輩の黙視するに忍びざる所にして他郷にありて友人より「琉球人観」を聞く毎に切歯扼腕《せっしやくわん》せざるを得ぬ。

（『沖縄毎日新聞』大正二年二月十六日）

しかも、その文章は友人翠香への応答（「翠香君に答ふ」）として書かれたものであり、内容も河上舌禍事件について直接に論じたものではない。

しかし、全発がその時期に書いた経済史に関する以下の三論文――「慶長以前の経済史概論」（大正二年二月）、「わが戸主制度の特質を論ず」（大正三年二月一日～六日）、「民族性と経済との関係を論ず」（大正三年三月）を読むと、河上の論文から多くの引用が見られ、明らかに河上の影響を受けていたことが確認できる。ここでは、全発における河上の影響として、国家主義と個人主義との関係について、また社会主義や経済を基盤とする唯物史観への全発の考え方の変容について指摘しておきたい。

河上は沖縄での「矛盾と調和」と題する講演で、「大矛盾の中には自ら大調和があり、真の国家主義は真の個人主義と調和する」と強調した。それと同様な主張を全発は「わが戸主制度の特質を論ず」で述べている。「徹底せる国家主義は徹底せる個人主義より出発せざれば到底完全円満なものではない。何となれば徹底せる国家主義は国民的自覚の上に立たなければならぬ。しかるに国民的自覚は個人的自覚より出発するものである」「徹底した個人主義により出発せざれば徹底した国家主義を実行することを能《あた》はざる」。この全発の論説には、河上の影響が色濃くみられる。

また全発は、「郷土人の明日」（明治四十四年八月）で社会主義について、「一部の社会主義者が議論の前提そのものに欠陥あること顧みずして徒《いたずら》に無何有郷《むかうのさと》《ユートピア》を夢みる」と否定的に述べていた。ところが、大正時代に入り大学の学年を重ねていくと、そのような社会主義のとらえ方とは別に、他方で唯物史観に関係する肯定的な記述が見られるようになり、先の経済史の論文ではその唯物史観が自らの歴史観だと叙述するまでになる。

全発は「蔡温の経済観の管見」（大正元年八月）で、「経済を以《もっ》て文化の一元的基礎となすものこれを唯物観と称す。蔡温は唯物観的思想の人なりき」と書き、その後の「慶長以前の経済史概論」の結論部分では、以下のように言及している。「歴史の変遷は凡《およ》そ原因結果の関係の連鎖である。而《しか》してこの連鎖となるものは経済に外ならぬと思はれます。本稿は極めて価値の少ないものでありますが聊《いささ》か余輩の歴史観を語るものに外ならぬのでありります」。このように、当時の全発の歴史観には、河上肇の強い影響により、経済を基盤においた唯物史観の考え方が中心にあった。しかしそれは、歴史観という学問的な影響にとどまるものであり、社会主義の思想に基づいた主張ではなかった。

島袋全発は「真理を愛慕する心」（『沖縄毎日新聞』大正二年一月十七日）で社会主義に対して次のように言及している。

人生問題での煩悶

経済上にて社会主義者の一派の説くが如き、新社会を実現したりとせん。強者も弱者も等しき報酬に甘んじて、よく不幸なかるべきか、これが監督をなし指揮をなす少数者は、果して多数者のために甘んじて犠牲的行動をなすべきか。今日の不完全なる人間を以てしては俄《にわ》かに望む可《べか》らず。

ここで全発は、歴史観における唯物史観の肯定とは違って、社会主義に対し人間論の観点から否定的にとらえている。

他方、全発は「備忘録より」（『同』大正元年十月二十一日）で「今日は如何にしての時代であると思ふ。現実主義がいいか、個人主義がいいか。或は唯物《ゆいぶつ》観がいいか、唯心《ゆいしん》観がいいか。一元論が勝れるか、多元論が勝れるか。かくの如き大体論では民衆が感服しなくなつた」と書いている。当時の全発は悩んでいた。学問的に、河上の唯物史観の影響を受けつつも、「人生問題」について煩悶していたのである。後に全発は、その時期を回顧しながら次のように述べている。

これは僕の学生時代（京都帝国大学法学科）のことでこんなことがあった。丁度第一次欧州大戦の前年当時唯物主義が盛んにわが国に台頭して、学校では河上肇氏などが唯物史観の講義などをしていたところ僕は一つの大きな悩みにぶつかった。それは〝物と心〟の激しい闘争である。僕は中学のころより伊波さん（文学士伊波普猷氏）の書いた本をよく読んだりして沖縄の郷土史に興味をもち出していたもので、最初この貧しい沖縄は果して経済的だけに救えばよいのか、即ち〝物〟の方面のみで本県のあらゆる問題が解決出来るものであるかと自分でいろいろ考えたり検討したりいるうち、とうとう底の底までつきつめて行くとそれが人生問題に帰着した。そこで非常に悩んだ、それをどうしても解決せねばならない、どうしてもこの難関を突破しなければと死にもの狂いだった。

（『大阪朝日新聞』昭和十七年三月十五日）

「僕のこの一戦」と題するこの回想から、当時の全発の激しい苦悩の様子がうかがえる。ところで、その時期の全発は「人生問題」に苦悩しながら、哲学や宗教などの人間の内面的問題を扱った複数の文章だけに、「赤八巻」のペンネームで書いている。そのペンネームはこの時期だけに使用されており、全発の中でそれは何を意味するのか判然としない。それらの文章は、何篇かを除き、主として沖縄における新人世代を意味するエヌエム会員の東恩納《ひがしおんな》寛仁《かんじん》との論争として書かれている。その論争は大正二年七月から大正三年十二月まで断続的に続き、「新思想」「文化科学」「産業教育」「教育と経済」「欲望について」「宗教」などと多岐にわたる項目が論議された。この論争は、明治三十年代以降の思想状況の中で〈新人〉全発の思想を考察するときに重要な意味をもっている。全発はその論争を通じて、哲学や宗教などの人間の精神世界を自らの問題として内省するようになるが、その精神世界の内省は全発に、国家社会を批評する領域とは異なった「個人意識」の確立をうながすことになる。

エヌエム会との論争

ここで、島袋全発と論争を交わした「エヌエム会」の東恩納寛仁についてふれておきたい。一九一三年（大正二）七月二十二日の『沖縄毎日新聞』に「エヌエム会」について次のような記事が掲載された。

巡礼教会牧師比嘉賀秀《ひがしゅう》外二三氏の発企に依りエヌエム会と云うものが組織さるる由にて、既に其の準備整い来る二十四日発会式を開くと云う。会名はニウマン新人を意味しエヌエムとはニウマンを縮めたる称語なり。同会は広く青年同志を糾合し、自由に談話議論を交換し、本県思想界に青年の旗幟《きし》を翻し、延《ひ》いて社会の進歩改善を促さんと云う目的を以て立ちたるなり。されば何人《なんぴと》にても来る者は拒まずと云う態度にて門戸開放を以て標榜《ひょうぼう》とすと云う。

東恩納寛仁は、比嘉賀秀とともに、そのエヌエム会の主要メンバーの一人であり、同会には他に比嘉春潮がいた。比嘉の「大洋子の日録」第五冊の二にも、東恩納との交友の記述が見られる。この会員は、その後伊波普猷と比嘉賀秀が呼びかけた「沖縄組合教会」(大正五年発会)の中心メンバーとなった。東恩納は、明治二十二年那覇《なは》市に生まれ、四十年に沖縄県立中学校を卒業して初等教育界に入る。その頃、エヌエム会で活動する。その後、沖縄毎日新聞記者に転じ、更に那覇区書記から大正十二年に県税検査員として県庁に入る。昭和三年十二月には県属となり庶務課、地方課、会計課長を経て、昭和十五年八月に八重山《やえやま》支庁長となる(『海南時報』昭和十五年九月十一日)。昭和十九年四月には八重山支庁長を退官し、戦後は第一回の沖縄議会議員を経て、第十一代の那覇市長を務めた。

東恩納は、「エヌエム会に就て」(『沖縄毎日新聞』大正二年八月十五日)の中で、エヌエム会は団体ではなく、思想を自由討究する開放された新しい人々の集合であり、エヌエム会を基督《キリスト》教と関係付けては困る。どんな宗教を奉じた人でも、また無宗教者でも思想の研究者であれば差支えない。「宗教中心の偏頗《へんぱ》な会合にはしたくないし、我々は思想を開拓するために自由討究を以て、他人の思想についても研究し遠慮なく批評したい」と述べている。

この沖縄の同世代の青年たちによるエヌエム会の発会を、京都にいた全発はどのように受けとめたのであろうか。帝国大学の学生で沖縄出身のエリートとしての使命感と自負心に満ちていた全発が、このエヌエム会の登場に対して競争心を燃やしたであろうことは想像に難くない。事実、全発は、東恩納の「青年志気論」（同年七月二十八、二十九日）、「人生観断片」（同年八月一日）に対し、赤八巻のペンネームで「新思想に対する誤解を弁ず」（同年八月十七、十八日）という批判の文章を寄せている。全発は、その文章で東恩納の名前こそあげていないが、その批判が東恩納の先の文章に対するものであることは間違いない。全発は、その批判文の最初と最後で次のように書いた。

科学の圧迫になやみ、現実の悲哀に疲れた連中が新理想主義の宣言を聞いて欣喜《きんき》雀躍《じやくやく》、直ちに以て科学の敗北となして人生は理想界に復活したとなすのは弱い人間の或《あ》る一面を暴露した…。

余輩は所謂《いわゆる》新人諸君に希望す、正直なれ而《しか》して勇気あれと、曖昧なる小策は自滅の武器に過ぎない。

この批判文の行間には、「エヌエム会」に対する全発の対抗意識や自尊心が見え隠れしている。

全発と「エヌエム会」の東恩納寛仁との論争で、注目されるのは次の二つの論点である。その一つは、全発が自らの依拠する学問的枠組みとの関連で「琉球」をとらえる認識枠組みを明示している点。もう一つは、「人生問題」に関連して宗教に対し全発が自らの考えを明らかにしている点である。

新カント学派

まず、前者の論点から考察してみよう。全発の依拠する学問的枠組みは、新カント学派のリッケルトの学問分類法であった。このドイツの新カント学派、とりわけリッケルトなどの西南ドイツ学派の日本への本格的な移入は、大正期の文化主義的風潮と呼応しながら、日本のアカデミー哲学の形成と展開にきわめて大きな影響を及ぼした。

「文化科学」について論じた全発の「文化科学に関する管見」（『沖縄毎日新聞』大正二年九月二十二、二十三日）、「東恩納君に答ふ」（同年十月二十一～二十三日）、また東恩納の「濤韻学兄の文化科学に関する管見を読みて」（同年九月二十六日～十月二日）、「濤韻学兄に寄す」（同年十月二十七日～十一月三日）の中に出てくる桑木《くわき》厳翼《げんよく》京大教授は、この新カント学派哲学の日本への紹介者である。全発と東恩納との論争は、リッケルトの「文化科学」に関する新旧の解釈論が、その争点の中心であった。

その論争の中で全発は、「私の心服する諸教授（戸田海市、河上肇、石坂音四郎、米田庄太郎）は皆新カント派の学風に賛成せられるのですし、私が考へて見てもどうもこの分類法に従つた方がいい」（同年九月三日）と言及している。この発言からも、全発が京大の諸教授の学説より大きな影響を受けていたこと、そしてアカデミー哲学の展開に全発が多大な関心をもって少なからず知識を有していたことがうかがえる。

しかし、全発自身が言及しているように、このリッケルトの「文化科学」に関する東恩納との解釈のやり取りは、しだいに「論理的遊戯」に傾いていった。そのため全発は、その「反問論駁《ろんばく》による切磋琢磨《せっさたくま》」を肯定しながらも、「直接吾々のなすべくしてなさざるやうな問題について研究しやうではないか」とあらためて問題提起している。その意味でこの論争の重要な点は、リッケルトの「文化科学」に関する全発の解釈論にあるのではない。全発が、自らの依拠する学問的枠組みとの関連において、「琉球」をどうとらえるかという認識枠組みを提示している点にある。

全発は、「エヌエム会員東恩納寛仁君に」（同年九月三日）の中で、自分が琉球社会の問題を論ずるのは、リッケルトのいう文化科学の目的である「個性」の発見という考えが、前提にあると述べている。そして、その「琉球人としての我」を自覚することで、琉球の「個性」を実行することを主張した。また「新思想に対する誤解を弁ず」（同年八月十八日）の中で、琉球の「個性」を破壊せず発達させるため、日本に同化すべきだと主張した自らの「同化論」が、その延長線上にあることを示唆している。全発は、新カント学派の考えを「新理想主義」と言い換えて「事実法則の上に立ちて更に主観的価値を認識してそこに理想を形造る」ことと指摘し、その延長線上に「琉球の個性」をとらえる認識枠組みを強調している。それは客観的事実としての日琉同祖論をふまえて、主観的側面を強調した全発の「琉球民族論」と通底するものである。

全発と宗教

次に、この論争での島袋全発の宗教に関する考えをみてみよう。前述したように、東恩納はエヌエム会を宗教中心の会合にしたくない、と言及していた。しかし他方で、「私一個人としては宗教の必要性を感じて居る。現今の社会に於て無宗教は大なる罪悪であると迄に思つて居る」と述べているように、東恩納を含めたエヌエム会の主要メンバーはみな基督教徒か、それに関心を寄せる者であった。

全発は、それを意識しながら「一青年の告白」（同年八月二十二日）として、宗教に関する批判的文章を投稿している。その文章で全発は、信仰が人間にとって必要だと認めるが、他の文化現象が著しく進歩した時代において旧時代の信仰を維持していいのか、新形式の新しい宗教が要求されるべきだ、と宗教者に疑問を呈する。そして、「余輩は表面無宗教であるかの如く思はるる人士の内部生活に於て幾多の悲哀、煩悶、苦痛を経て終《つい》にある確信を得たその実生活により多く教訓を得る場合が多く、技巧たつぷりな所謂《いわゆる》宗教家の言説は何か揃い唄でも聞いて居るやうで情調の共鳴を感ぜぬのは事実である」と述べている。

さらに「吾々は新文明の原動力たる科学の実証する事実や法則を認めて、更に主観を□立し価値判断を個人々々にまかして、『我』より生ずる理想に導かれるより外、救はるる方法はないやうに思ふ」と言明する。この文章で興味深い点は、全発が、宗教を自らの「人生問題」の苦悩に関連づけて考えていることである。そして、その「幾多の悲哀、煩悶、苦痛」を乗り越えるために「宗教家及び宗教鼓吹家の言論」に救いを求めるのではなく、科学を評価しながら、その上に個人の主観性を強調する「新理想主義」に則《のっと》って、個人個人の「我」に託するとしている点である。

前述したように、その時期の全発の苦悩や煩悶はきわめて深刻であった。全発は当時を回想(「僕のこの一戦」)して、「これまで立派に育てて下さつたわが親よ許せよといふ気持ちにまでなつてゐた」と述べているように、この苦悩のために自殺まで考えたことを仄めかしている。全発は、その苦悩を「理論的の一切のものは放擲《ほうてき》してしまひ何も理屈ではなくただ火も水もない苦しみだけ」だったと述懐している。そのことからうかがえるように全発は、その時代のエリート青年たちと同様に「人生への煩悶という『自我の目覚め』と『社会の発見』」(有馬学『「国際化」の中の帝国日本』)を経験していたのである。

事実、大正三年六月の京都大学卒業直前に発表された全発の二つの文章「絶対と相対」(同年五月二十五日)、「私の信仰」(同年六月二日)は、これまでの明快な論旨とまったく異なり、詩的表現による形而上学的で難解な内容である。そして、その厳しい苦悩の時期を越えた後に全発は、宗教に関して「宗教的自覚の気運を促す」(同年十二月十七日)と「余は何故に基督《キリスト》教徒にならざる乎」（同年十二月二十二～二十五日）を書いている。

とくに後者の文章では、苦悩を乗り越えた後の全発の宗教観が述べられており、重要である。全発にとって神とは宇宙の実在を指す。その宇宙の実在を認識するためには、自己の実在を認識しなければならない。したがって、全発における宗教的自覚とは自己の実在を認識しようとする努力だという。全発は明言する。「この努力をしさへすれば必ずしも基督を着る必要もなければ釈尊を被る必要もないと思はるる」と。全発は科学の力を評価して、他者としての宗教に救いを求めなかった。宗教に頼らず自分の努力で、自己の内部深く掘り続けることにより、道を開こうと試行錯誤したのである。

全発は、苦悩と煩悶の絶頂期に達すると、それが急にすうっと消え視界が開けて、一挙に解決できるような気持ちになった。彼の中で考え方に、大きな転換が生じたのである。彼はそれを次のように述べている。「唯物的な見方は頗《すこぶ》る皮相なことで、心といふものはそれよりもつと奥深いものである」（「僕のこの一戦」）と。しかしそれは、全発にとって、唯物観からの脱却という、考え方の転換のもつ意味よりも、壮絶な苦悩を体験し、その煩悶を宗教などに頼ることなく、自らのちからで克服したことのもたらした意義の方が大きかった。全発は後に、「それから後、実社会に踏み出してからいろいろの難関にぶつかり、世の荒波にもまれてきたが、あの時の、恐ろしい、〝苦しみ〟を思い出したらそれしきのこと何の苦にもならない」と述懐している。

大学時代の言論

さて以上のように、大学時代の島袋全発の言論をみてきたが、ここで、それらの全発の言論の意義を、あらためて考察することにしたい。最初に指摘したように、この時期の全発の言論活動は、全発の生涯の中で質量ともに最も豊かで多彩な内容を備えており、その内容は沖縄社会の現況に対する評論や批評、過去の沖縄社会の歴史分析、個人意識による精神世界の内省という、三つの系列に分類して分析することができる。さらに、その三系列の全発の言論内容は、「自我の発見」と「社会の発見」という日清日露戦争後の明治三十年代以降の日本の思想状況に添うものであり、その一環として考察することができよう。

第一の系列である沖縄社会の現況に対する全発の言論は、明治三十年代以降の支配的思潮であった「国家主義」の思想に棹差《さおさ》すものだった。しかし、それは高山樗牛《たかやまちょぎゅう》らの大和民族を根拠とする、日本主義に基づく帝国主義的な「膨張主義」とは明らかに異なるものであった。その背景には、全発の考え方の中に大和民族とは異なった「南国」で生まれ育った「南人」としての「琉球民族」という認識があり、それが被植民地への視点をもたらしたのである。

第二の系列の郷土史における人物評伝や経済史についての言論は、全発にとって「琉球の民族性」に関する考察の一貫であった。その考察は、伊波普猷や河上肇から影響を受け、独自な文化をもつ琉球の歴史をとらえる確かな視点を培った。それは、「社会の発見」としての大和社会とは異なる琉球社会の発見でもあった。後にそれらの考察は郷土史家としての一家を成す、島袋全発の豊かな素地を形成するものであった。

第三の言論の系列は、論争の形をとって行われた哲学や宗教の精神世界の内省である。とりわけ、この言論の系列は、その時期の全発の思想を考察するうえで重要な意味をもつ。全発は、その内省を通して、国家や社会の領域とは異なる「個人意識」の確立を形成した。前述したように、松本三之介《まつもとさんのすけ》や有馬学によると、日清戦争後の明治三十年代以降の日本の思想状況は、「個人意識」が台頭し、国家や社会の領域とは切り離された宗教や精神的煩悶などの個の世界に沈潜《ちんせん》する「自己の発見」が生じた。それを前提にして考察すると、まさしく自殺まで考えたという大学卒業間際の全発の苦悩とその克服は、全発に「個人意識」を確立させる「自己の発見」をもたらしたといえよう。

精神世界の内省による個人意識の確立は、近代沖縄の言論人である島袋全発の思想を形成するうえで、重要な意義をもった。このように三つの系列に分類される、大学時代の多様な全発の言論活動が、後年の郷土史家・島袋全発の考え方の豊かな基盤を形成したことは間違いない。

教育と南島研究の時代

帰郷後の全発の活動

那覇区助役問題と選挙法違反事件

一九一四年（大正三）六月、島袋全発は京都帝国大学法科大学を卒業する（『沖縄毎日新聞』大正三年六月三十日付に本社社友の島袋全発が卒業した、との記事がある）。卒業して一時、日之出生命保険会社に入社するが三ヵ月で辞し（『沖縄県人事録』大正五年十一月）、翌年四月に帰郷して『沖縄毎日新聞』の記者となっている。

全発が京都からいつ帰郷したのか、富名腰《ふなこし》尚友《しょうゆう》、島袋全幸の両年譜に記述の違いがあり、これまではっきりしなかった。しかし伊波普猷年譜をみると、「十二月二十四日、伊波宅にて第一回経済読書会開かれ、島袋全発の談話と会員の意見交換あり」とあるので、同年に一時帰郷している事実は確認されていたのだが、本格的な帰郷については確定されておらず、今回楢原友満《ならはらともみつ》編『沖縄県人事録』の記述により帰郷の日時が確定した。また、『沖縄毎日新聞』記者の職歴についても富名腰年譜にはなく、全幸年譜で記述されているだけで、これまで明確ではなかった。これも今回、全発の新聞記者の職歴について新城栄徳《しんじようえいとく》氏からご教示をいただき、「大正四、五年頃沖縄毎日新聞社に勤めて居た」という渡嘉敷錦水《とかしききんすい》の著書『琉球辻情話』の中で、同僚として全発の名前を確認することができた。同じく、辻の染屋小小路の「新屋ノ様」で催した沖縄毎日新聞社の最初の社友懇親会の出席者の中に、社友の伊波普猷らとともに、新聞社側の一員として全発や月城の名前が確認でき、判明した。

その後、全発は新聞社から那覇区役所書記に転じ、那覇区立商業学校教諭嘱託を兼任する。しかし全発は、富名腰年譜によると一八年（大正七）に「政治上の経緯から那覇市総務課長を辞任し那覇市立商業学校の教諭」になると明記されている。その記述は、市政施行が二一年（大正十）からだから「那覇市」は「那覇区」に訂正されなければならないが、それにしても、なぜ全発が「政治上の経緯」によって辞任しなければならなかったのか、それについてもその詳細はこれまで判然としなかった。

それが今回、新聞資料を読み進むうちに、この「政治上の経緯」が二つの事実から成り立っていることが明らかになった。それは、「那覇区助役問題」と「選挙法違反事件」である。この問題と事件については、一七年（大正六）の四月から九月にかけて『琉球新報』に三十回以上の記事が掲載されている。その大部分は、「那覇区助役問題」に関連する記事であるが、その問題と「選挙法違反事件」は深く結びついており、両者の問題が全発にとって役所を辞する決定的な契機となったことがわかった。

当時、全発は、当間重慎《とうまじゅうしん》那覇区長の下で総務課長を務めていた。当間は、沖縄毎日新聞社の前社長で、全発とは旧知の間柄にあり、全発の那覇区書記への就職も当間区長の取り計らいがあったのではないかと推察される。当時の那覇・首里は特別区制にあって、助役は一般市政と異なり四年ごとの区議選挙によって決定されていた。区行政上は助役は区長を補佐するが、ともに選挙によるので「二頭政治」となる弊害もあって、助役選挙は区長である当間にとっても重要な意味をもった。

全発は、当初、那覇区助役選挙に立候補することを決意している。その立候補の決意の背景に、当間との間でどのようなやり取りがあったのかについては、はっきりしない。全発は立候補の意思を、最初の頃、『沖縄朝日新聞』記者の仲吉良光《なかよしりょうこう》に打ち明けている。そしてその話を聞いた仲吉は、全発を支持する旨を伝え、早速、同編集局の当真嗣合《とうましこう》や末吉麦門冬にはかり、その同意を得ながら、当時那覇区会の一方の旗頭であった黒木一二《いちじ》に、全発の支持を懇願して、承諾を得ている。全発は『琉球新報』の「区政に就て助役候補者の意見」という連載記事（大正六年六月十一日）で次のように述《の》べている。

助役は女房役であるから、区長とは異心同体で肝胆相照《かんたんそうしょう》の中でなければならぬ。それで法規上は兎《と》に角《かく》として実際上においては、区政の円滑なる運用をなさしむる為区長と意思疎通せる人物を推すのが適当である。

私は啻《ただ》候補者として起《た》ったのは、忠実なる補佐役としてで、其れ以上別段政見同様なる意見とか、何とかを発表する意思は毛頭ない…。

この談話からもうかがえるように、全発と当間区長との間は懇意な関係が続いていた。また全発は仲吉の尽力によって、那覇区会の有力者である黒木の支持を得たことにより、那覇区助役の「当選は殆ど確実といってもよかった」（仲吉良光「那覇区政時代の思い出」）状況にあった。

ところが、全発は七月十七日那覇区助役選挙立候補を、突然断念したのである。何故、全発は断念したのであろうか。その背景には、全発が「当間区長の忠告を容れて遂に断念した」（泉正重《いずみせいじゅう》編『那覇市政』昭和六年発行）という経緯があった。つまり、当間区長の政治的な忠告によって、全発は断念せざるをえなかったのである。その後全発は、当間との関係で那覇区助役問題だけでなく、「選挙法違反事件」においても、政治的難題に巻き込まれた。

一九〇九年（明治四十二）六月、初の県会議長選挙以降、同志会と民友倶楽部との分裂対立は、首里の閥族と那覇・郡部の平民派の地域別の感情的反目に加えて、それぞれの支持母体である金融関係同士の争い、さらに機関新聞の争いというように激しい政争をくり広げた。一五年（大正四）の二回目の衆議院選挙では、立憲同志会所属の大浦内相に任命された県知事大味《おおみ》久五郎《きゅうごろう》が、政友会員を激しく弾圧した。

ところが、三回目の衆議院選挙の後の一九一七年（大正六）五月に行われた県会議員選挙では、これまで少数派に甘んじていた民友派（政友会系）が過半数以上を制し多数派を占めることになった（大田昌秀「国政参加と県政・区政の展開」『那覇市史』通史編）。その政友会系民友派の中心人物の一人が当間重慎である。当間はこの五月の県会議員選挙の際、民友派を多数当選させるために、全発と区会議員三名を自宅におよび酒肴を供した。その件が選挙法違反となり、七月二十六日には当間ならびに全発と他三人に対し、罰金刑と五年間の選挙権被選挙権停止が処決されたのである。

またその処決と別に、憲政会系の鈴木邦義知事から官吏の服務規律違反として、当間に過怠《かたい》金二十五円、全発に譴責《けんせき》処分が下された。この厳しい処分の背景には、当間に対する政治的思惑が見え隠れする。実際に、『琉球新報』（七月二十八日）は、全発他三人について次のように述べている。「前途に望みを有する青年壮々の士なり。然《しか》るに冷酷峻厳なる選挙取締法は、終《つい》に此《こ》の有為《うい》の人物を政治的に葬り去れり。吾人《ごじん》は其の過去を追想し其の前途を想像するに当たりて一掬《いっきく》の涙なきを得ざると同時に選挙法の余りに窮屈極ることを遺憾とするものなり。然《し》かも其の茲《ここ》に至りたる径路を見るに殆んど当間区長の為め殉死を余儀なくされたるの感なしとせず」と。全発の生涯にとって、那覇区助役問題と選挙法違反は、一大転機をもたらす大きな事件となった。

女子教育と郷土史研究への沈潜

全発は、那覇区助役問題と選挙法違反事件により、その後は政治行政に距離をおき、女子教育ならびに郷土史研究へと沈潜していく。

一九一八年（大正七）、全発は那覇区総務課長を辞任し、那覇区立商業学校の専任教諭となる。富名腰年譜によると、那覇商業校時代の全発は授業で国漢を担当し、野球部の部長も務めた。さらに、一二三年（大正十二）八月には那覇市立実科高等女学校（技芸校からの昇格は大正十年）の校長に就任し、女子教育への第一歩を踏み出す。同校は、約三百人の生徒を有しながら長い間民家をそのまま使用していたが、全発が就任して二ヵ月後に松尾の新校舎へ移転した。

その移転に際して全発は、「旧校舎ではどうすることもできなかつたが、之《これ》からの日常生活と接触した教育即ち帰宅後も家庭に応用が利くやうに、卒業後も主婦として其《そ》の能率を発揮し得るやうに仕込む積りです」と述べている。当時の学制では、女子教育は主として家政に従事する中産階層の婦人を養成することを目的としており、全発も日常生活を中心とした教育方針を立てていた。

ところで、女子教育に対する全発の基調は、どのような点に特徴があろうか。全発は学生時代に、「郷土婦人に就て」（『沖縄毎日新聞』明治四十五年五月一〜二日）の中で、「今日の婦人問題」として次のように指摘している。「所謂《いわゆる》婦人の自覚、即ち人間としての婦人の自覚といふことが最も著しい現象であらうと思ふ。…況《いわ》んや法律上経済上の枝葉の問題も、畢竟《ひっきょう》するに人間としての婦人の自覚といふことを基礎としなければ、空疎になり形式に流れるであらう」。また、大正十二年の『沖縄教育』（一三一号）における「『本県教育』に対し百名士に発送せる回答」の中で、全発は「女子教育に従事すると否とに拘らず、女性を無視したり蔑視したりしたくない」「学校を適当に社会化させたい。社会を適当に学校化させたい」と回答している。そしてその翌号に、全発は「女子教育に携はりて」という表題の文章で、女子教育の「人格思想養成の一端」として、次のように論及した。

婦人の覚醒と云ふ問題も、要するに人格思想が其の基調でなければなるまい。間接の影響はルソーに負ふ所最も大なるべけれど、カントの人格思想こそ、婦人問題にも権威あらしめるものではあるまいか。この意味に於て私は、人格思想に徹底し、彼女等をして健全なる確固たる生活を楽しましめ、男性と相俟つて文化に貢献せしめ度《たい》と思ふのである。然《しか》るに人格は社会を離れて発展するものではない。そこで学校の社会化が必要である。其の一端として私は婦人問題に理解ある人士を、機会ある毎《ごと》に来訪して頂いて、出来る丈《だけ》生徒と接触し、折々講演・談話・遊技・問答などして頂く事にして居る（婦人の人格を無視する方は、当分遠慮して頂く事にして居る……）。

この文章には、大正デモクラシーの人格思想の影響のもと、女子教育に人格思想を基調におく全発の教育方針とともに、婦人問題に対する全発の教育的見識が示されている。

植民地統治について

一九二四年（大正十三）五月、島袋全発は当時の満州地方の奉天《ほうてん》（現、審陽）で開催された全国高等女学校校長会議に参加して、満州と朝鮮の視察旅行を行った。全発は、その視察旅行の印象記を『沖縄教育』（一三八号）に、「満鮮旅行による教訓」という題で投稿している。「満鮮」という名称からもうかがえるように、韓国併合以降に使用されるようになった朝鮮を示す「鮮」という差別語（内海愛子「『鮮人』ということば」）から、全発自身もまぬがれていないことがわかる。本文では、ほとんど「朝鮮人」として記述しているとはいえ、「鮮人」という言葉を二度使用している事実は看過することはできない。

ところで、その旅行記は、視察旅行の単なる印象記だけにとどまらない豊かな内容を備えており、その文章からは、満州や朝鮮そして日本人についての全発の考え方が読み取れる。全発は、今回の視察した箇所が南満州の数箇所に限られたので、とても全貌をうかがい知ることはできないと断りつつも、当時の満州開発が満州人種によるものでなく、彼らは蒙古方面に駆逐され、漢人種や日本人の「移住」によって行われている理不尽さを示唆し、満州の歴史と現実の本質を的確に指摘している。

また、全発は自分たちの世代を、「欧州戦争と云ふ大惨劇の洗礼を受けた時代（ゼネレーション）の人間である」と規定する。そのため、旅順《りよじゆん》の戦跡や朝鮮の玄武門を見て、意外に「小規模」で「ちつぽけ」なのが「滑稽」であり「驚かされた」と率直な印象を述べながら、それは科学が進歩し、第一次大戦で武器が改良され戦争の規模が大きくなったためだと次のように反問した。

吾々が生まれてから半世紀もたたない間に、これ丈《だけ》戦争の方法と規模とに於て変遷するならば、将来若《も》しありとすれば戦争の悲惨はどれ丈け増加するであらうか。実に慄然として身の毛のよだつのを覚えるのである。何故に同じ地球上に存在する人間同志が、戦争し合ひ殺し合ふのであらうか。

後述するように、のちに沖縄戦の惨状を、身をもって体験した全発の悲劇的な状況を思うと、全発が発したこの言葉はあたかも自らの沖縄戦の惨劇を予言しているかのようで、気持ちが暗くなるのは私だけではなかろう。

さらに全発は、「吾々日本人」は朝鮮人や支那人に対して「文明人としての態度」を取ってきたのかと自問し、教育家の立場からなすべきことがきわめて多いと指摘する。全発は、朝鮮人は吾等の同胞であり日本国民であると言及して、朝鮮人を苛《いじ》め蔑《さげす》むべきでなく同情し指導すべきだと主張する。そして、朝鮮は儒教の感化により祖先崇拝や大家族制をもっており、その文化を嗤《わら》う者は自らわが国の過去を嗤う者であると書いている。韓国併合後の植民地朝鮮への差別が日本国内で一般的に受け入れられている中で、植民者からの視線をまぬがれていないとはいえ、この全発の発言は注目されてよいのではなかろうか。さらに、朝鮮の同化はきわめて気長に根強く、しかも寛大で細心の注意を払いながら行うべきだと指摘し、具体的に大和民族としての歴史を誇る教育と、日本国民として東洋の盟主を発揮すべく教育の必要性を述べている。

また全発は、日本人は「支那人」の短所だけをよく見て軽蔑しているが、「支那人」から学ぶべき長所がたくさんあると主張する。全発は、「日本人が民国人を軽蔑するに対し、民国人は日本人を如何《いか》に観て居るか。吾等は『何をチャンコロが生意気な』とすぐに青筋立てる代りに矢張彼等の批評にも耳を傾けて、反省すべきは反省し、考へる所がなければなるまいと思ふ」と述べ、そのために、「支那人」による日本人批判を長々と引用し掲載している。そして文章の末尾を「日本人はもう少し自分をよく他国人に比較して自覚し自重せねば駄目であると思ふ」と結んでいる。

この文章を、全発が大学時代に書いた民族観にくらべると、「琉球民族」という言葉が消えて、「吾々日本人」や「大和民族」という語句が前面に出ており、植民者の視線をまぬがれていない点が指摘できよう。全発の中で琉球人は日本人の中に完全に重なったかのように思える。しかし他方で、沖縄に代わって、「朝鮮」や「支那」の被植民地の視点から、「日本国民」に対する批判的論点が少なからず看取できるのも事実である。その二つの視点は、この時期の全発の考えの中に同居していた。

昭和戦前期の郷土研究への沈潜

南島研究の組織化と沖縄研究の変遷

その後島袋全発は、那覇《なは》市立実科高等学校、那覇市立高等女学校、そして県立第二高等女学校の各校長を歴任して、女子教育に深く携わっていった。そしてそのかたわら、一時中断していた沖縄の郷土研究を本格的に進めていく。その直接的な契機は、前述したように那覇区書記時代に二つの事件により政治行政を忌避《きひ》し距離を置いたことと、その後の教育現場で郷土史教育へ関与したことが大きかった（一九一九年〈大正八〉、小学校高等科で郷土科の新設がなされる）。また、間接的とはいえ全発の心境に大きく影響を及ぼしたのは、大正十年の柳《やなぎ》田《た》国男《くにお》の来沖で沖縄研究が興隆したこと、大正十三年の「友人・末吉《すえよし》麦門冬《ばくもんとう》」の突然の死（麦門冬については、粟国恭子「近代沖縄の芸術研究①—末吉安恭（麦門冬）と鎌倉芳太郎」を参照）、

図８　『南島研究』第１輯の表紙（1928年２月１日発行，ハワイ大学所蔵）

さらにその翌年に沖縄の郷土研究を主導し多くの影響を受けた先達・伊波普猷《いはふゆう》の上京、離沖であった。

柳田国男の両義性

そのような状況の中で一九二七年（昭和二）十一月、全発は先輩の郷土史家・真境名安興《まじきなあんこう》らと共に「南島研究会」を組織し、翌年二月から『南島研究』を発刊する。『南島研究』は沖縄の郷土研究史において、既存の組織体に頼らない、有志の編集による沖縄最初の研究機関誌であった。また、同誌を読んでみると、当時東京で柳田国男が主宰していた「南島談話会」やその機関誌の『南島談話』の方式から大きく学び、影響を受けていることが指摘できる。

しかし、柳田の影響は沖縄の郷土研究に両義的な意味をもった（拙稿「古日本の鏡としての琉球」）。もともとは伊波普猷により沖縄の郷土研究として進展した沖縄研究が、著名な柳田国男によって沖縄が「再発見」されたことにより、日本民俗学研究における「南島研究の一環」として位置付けられるようになった（同時期にアイヌ研究は柳田によって「北方文明研究」として位置付けられた）。柳田が沖縄研究を日本の南島研究として位置付ける枠組みは、琉球に日本の古代の姿が残っているという「古日本の鏡としての琉球」という言説であった。しかし、伊波の沖縄学の言説と沖縄を日本の南島研究として位置付ける柳田の言説には明らかな違いがあり、沖縄研究が南島研究として新たに編成再編されたことは沖縄研究にとって両義的な意味をもっていた。

むろん、そこには柳田による沖縄学の一方的な包摂だけがあったわけではなく、それまで見向きもされなかった沖縄研究が日本の南島研究として再認識され、日本研究の一環として位置付けられたことを歓迎する沖縄側の意向も存在した。その意味で、両者の合作だととらえることもできよう。鹿野政直《かのまさなお》によると、二一年（大正十）の柳田の来沖を画期として、沖縄研究が「南島研究」と枠付けられ位置付けられようになるが、全発たちが刊行した『南島研究』は、沖縄の郷土史雑誌において初めて「南島」と表題命名した雑誌であり、その機運の中の営為だったと指摘されている（『沖縄の淵』）。

全発は、その『南島研究』に「沖縄の士族階級（上・下）」「禊祓《みそぎはらえ》の形式について」と相次いで論考を発表している。また、その研究会の規定によると、当時全発が勤務していた那覇高女が研究会の事務局で、会費未納者の送付あて先にもなっており、『南島研究』への論文執筆だけでなく、同研究会の事務全般を担当し積極的に関与していたことが確認できる。その点からも、同会は実質的には全発と真境名を中心にして運営されていたことがわかる。

ところで、昭和期に入ると、沖縄教育会を中心に郷土研究と郷土教育が車の両輪となり、郷土文化の高揚に指導的役割を果たすようになる。だが、郷土文化を尊重し郷土教育に自信を深めた要因は、沖縄の内発的意志にもよるが、外発的な示唆に負うところも大きかった（新城安善「沖縄研究の書誌とその背景」）。

ピーター・シュミットの来沖

昭和元年末から昭和二年初頭にかけて、ロシアのレニングラード大学動物学教授兼博物館長ピーター・シュミットが来沖し、県当局の依頼で講演を行った。それは、わずか十六人の少人数の集会であったが、太田朝敷《おおたちようふ》、真境名安興、志喜屋孝信《しきやこうしん》などの多くの文化人が参加した。シュミットは、その講演で、西欧では各地に郷土研究協会が設立され郷土に関する研究者を統一する組織機関が盛んに活動していること、そのような機関は学術的価値の豊富な沖縄に特に必要であること、そしてそれを蒐集整理するために博物館設置が急がれることなどを強調した（『沖縄教育』一六一号）。その背景には、大正八年の史蹟名勝天然記念物保存法施行令の施行、それを受けて大正十一年に真境名安興らによる沖縄史蹟保存会が設立され史蹟碑文《しせきひぶん》の建立《こんりゅう》活動の推進があり、さらに大正十三年には沖縄の文化財調査のため東大教授で史蹟名勝天然記念物調査会委員である黒板勝美《くろいたかつみ》の来沖などがあった。

シュミットの講演をきっかけに、昭和二年に沖縄教育会が提唱し参加者を中心にして「沖縄郷土研究会」が設立されている。その経緯から考えると、沖縄郷土研究会は沖縄教育会が提唱しており、有識者による郷土史研究のための「純学術的組織」とは言いがたい。同会は、新城安善《しんじょうあんぜん》が「愛国心のための愛郷心の作興」ならびに「国家主義による郷土研究」と指摘しているように、国家の文化政策に沿うものとして設立されたといえよう。

その意味で、前述した全発らが創設した「南島研究会」の目的や理念とは明らかに異なっている。全発とともに南島研究会の代表的人物だった真境名安興は、『南島研究』創刊号の「南島研究の発刊について」の中で、次のように述べている。最近、柳田国男氏などの来県により、中央で琉球文化が紹介され南島談話会も組織されたことは喜ばしい。一方、沖縄でも琉球研究はますます盛んになっているが、これまで定期刊行物がなかったのが遺憾であった。この『南島研究』を刊行することにより、琉球研究の発表の場を提供し、古今の研究資料を蒐集して付録にすることで、一般学会の参加に供したいと考えている、と。とくに真境名の次の記述は印象的である。

而《しか》して琉球研究はその本場を離れて、中央に持出され喜ばしい現象であるが、一方郷土に於いて亦《また》之れが閑却せられているという訳ではない。

この箇所には、東京在住の柳田や伊波らとは異なって、琉球の地において琉球史を研究する真境名や全発の率直な心情が語られている。その自負心と決意の入りまざった両者の思いが率直に吐露されているように思う。その後、『南島研究』は五号（一九年三月）まで発行され、財政的問題でやむなく休刊するが、南島研究会の考え方は、昭和六年一月から七年十二月まで開催が確認できる「郷土研究座談会」に引き継がれ、学術的論議を中心とした会合（『沖縄教育』一八七号）として継続することになる。

その点で、前述した沖縄郷土協会の理念や実態を継承した組織は、昭和八年八月に設立された「沖縄文化協会」（会長・太田朝敷）だといえる。その「沖縄県文化協会趣意書」では、明治十二年の置県で「一視同仁《いっしどうじん》皇恩に均霑《きんてん》」したが、沖縄は国家的施設が少ないので危機に瀕し、県民の経済生活の向上と精神文化の振興を促進するため同協会を設立したことがうたわれている。同時に、郷土博物館建設と県立図書館移転拡張もアピールされた（『沖縄教育』二〇四号）。同協会は翌月すぐに、伝統的な沖縄の葬列が時間を空費するとして廃止運動を起こし、県民に国民精神作興を呼びかけている。

さらに、昭和九年四月二十七日に「沖縄郷土研究会」と「沖縄文化協会」との合同により、新たに「沖縄郷土協会」が発足した（『大阪朝日新聞』昭和九年四月二十七日）。これまで沖縄郷土協会の設立について、「沖縄大百科年表」をのぞいてほとんどが昭和初期として記されているが、同協会は昭和九年に国民精神作興のために郷土文化振興の組織として発足したものである。当時の沖縄文化人がほとんどそうであるように、全発もその組織のすべての会員であった。それをふまえても、「南島研究会」のような純学術的研究会を全発が主体的に組織した点は、高く評価されてよいように思う。

『那覇変遷記』『沖縄童謡集』の刊行

その『南島研究』が休刊した後には、同人たちは自らの成果を小冊子の形式で発表し続けることになる。昭和五年に同人の協力を得て発刊された島袋全発の『那覇変遷記』は、南島研究会の延長で生み出された成果の一つであった（それについては凡例に明記されている）。

『那覇変遷記』は、全発の最初の著書である。同著書は、古琉球から近代沖縄直前までの自分の生まれ育った那覇の歴史文化の変遷史を、公務の余暇に書き記した二十余篇の書誌ノートをもとに刊行したものである。その内容は、伊波普猷、東恩納《ひがしおんな》寛惇《かんじゅん》、真境名安興らの叙述に大きく負っているとはいえ、那覇の地名の起源から琉球処分直前の混乱した那覇士族の様子までを、史料を典拠にして活き活きと描きだしている。最初の著作が那覇に関する叙述であった点は、自ら生まれ育った那覇泊という郷土を終始愛惜した郷土史家・全発の姿勢をよく表した書物だといえよう。

さらに全発は、昭和二年と八年の那覇市立高女や沖縄第二高女の生徒たちに夏季休暇の宿題として蒐集させた、各自の郷土の童話と童謡百四十余篇を整理分析し、『沖縄童謡集』（昭和九年）を発刊した。その背景には、大正後期に八重山で現出した「童謡」運動があった（仲程昌徳《なかほどまさのり》『沖縄近代詩史研究』）と考えられよう。全発は「自序」のなかでこのわずか数年の間においても、郷土固有の歌謡が老人たちの記憶や子供たちの吟唱《ぎんしょう》から消滅しつつあることを嘆いているが、それでもこの童謡集には、沖縄の歴史的変遷をうかがわせる興味深い歌が数多く収録されている。

一例をあげると、明治中期頃から歌われた童謡として「鉄砲担（かた）めて、靴（ふや）履（く）まち、親の不孝（不幸?）やならんかや。［鉄砲担いで靴はかし、親の罰には当たらぬかいな］」という歌が収録されている。解説によると、その童謡は琉球処分以降の日本化に反対して、当時多数派を占めていた親清派の頑固派の世論がうんだ歌で、明治十七、八年頃、師範学校で結髪（カタカシラ）をした学生たちに軍事教練がなされたことを非難した歌だという。

一方で興味深いことに、この童謡は当時の軍歌の曲で歌われていたとも言及されており、日本化を揶揄《やゆ》する中で、日清戦争前の沖縄社会へ浸透していく軍事的風潮もうかがえる歌でもあった。この童謡には、日清戦争期まで分裂し争われていた親清派（頑固党）と親日派（開化党）との沖縄における社会的政情の一端や、学校教育による日本化の様子が歌われている。また童謡集には、近世末から近代期にわたる沖縄の自然風景や文化や歴史、社会的世情、さらに那覇の児童たちの遊戯に関する童謡も収録されており、その童謡からみえる歴史的背景や世情の様子がうかがえる内容となっており、興味深い。

全発が、昭和九年の時期に、郷土研究の一環として「童謡」を取り上げたことは注目に値する。今日、わらべ唄などの民族的伝統や子供の生活感情を基礎とした大正期の童謡と、忠君愛国の精神に代表される教訓的な明治期の唱歌とは大きく異なる、と指摘されている（山住正己『子どもの歌を語る』）。それを前提に考えると、昭和期になって、再び軍歌としての「唱歌」がせり出してきた状況下に、全発が「沖縄の童謡」に注目し、それを編集刊行した意義は、決して軽視できない重要な意味をもっていたといえよう。

新おもろ学派の波紋

全発の後輩で学校の同僚で郷土研究者でもあった島袋盛敏《しまぶくろせいびん》は、『琉歌大観』の序の中で、一九三一年（昭和六）三月に十年間も勤めた第二高女を辞めて上京する旨を、当時校長であった島袋全発に話す場面について詳しく叙述している。長い間世話になった全発に対し、どのように上京の話を切り出すか、盛敏は緊張し逡巡したが、全発がその面会で意外にあっさりと了承し、喜んで祝福した様子が描写されている。しかし、とはいえ那覇港で出港する盛敏を見送る全発の心境は、いかばかりだったろうか。第二高女の同僚で、南島研究会の最初からの会員でもあった盛敏の上京は、全発に多くの感慨をもたらしたことは疑いない。大正末から昭和期にかけて、伊波普猷をはじめ多くの親しい郷土研究者が上京して沖縄を後にしており、さらに信頼していた後輩である盛敏の上京は、全発に沖縄で生きつづける悲哀と決意という複雑な心情を抱かせたことは想像に難くない。

全発は、前述したように真境名安興と共に、昭和三年の南島研究会、昭和六年から七年の郷土研究座談会を積極的に組織した。全発や真境名は、中央での琉球研究の広がりを喜びながらも、この琉球の地において郷土史研究を推進することの重要性を認識しており、それを継続しようとする背後には、両者の決意と自負心が存在した。

三二年（昭和七）全発は、郷土研究座談会と並行して数人の仲間たちと、新たに「おもろさうし」の研究会を始めた。いわゆる「新おもろ学派」の発足である。その「新おもろ学派」に関して最も詳しく書かれた論考に、全発の令弟である島袋全幸の「新おもろ学派のこと」（『沖縄文化』四六号）がある。その論考は、研究会メンバーの一人であった阿波《あは》根朝松《ごんちょうしょう》から聞き取りし、また当時の新聞記事や関連論文を中心に分析してまとめられた貴重な文章である。この論考によると、おもろ研究会は、昭和七年八月頃に発足し、全発の自宅で毎週一回（水曜日）夜に開かれて、長期間続いた。

研究会のメンバーは全発を中心に、比嘉盛章《ひがせいしょう》、世礼国男《せれいくにお》、阿波根朝松、宮里栄輝《みやざとえいき》、渡口政興《とぐちせいこう》、大湾政和《おおわんまさかず》、宮城真治《みやぎしんじ》らであった。研究会では、おもろの毎週の講読会のほかに、毎月一回の古典音楽演奏会が開かれた。講読会は、全発がおもろを講述し、他のメンバーがそれに対し討議する形式で進められた。「おもろさうし」全巻を、不明な箇所はとばしながらではあったが、五、六年かかって読み終えた。演奏会では、比嘉と大湾が琉球古典音楽の安富祖流《あふそ》、阿波根と世礼が野村流で三線《さんしん》を弾き、渡口が素踊りをして場を盛り上げた。時には、伊差川世瑞《いさかわせいずい》や金武良仁《きんりようじん》の古典音楽の両大家を招待して鑑賞会を開くこともあった。この琉球音楽の知識がおもろ解明に大きく役立ち、全発が提唱した展読法は琉球音楽の反復歌唱からヒントを得てできたものである。

一方、おもろ研究会について、末次智《すえつぐさとし》は同会の初期に参加していた宮城真治の記述（宮城真治資料「『おもろさうしの読法—展読法の研究—』に対する卑見」名護《なご》市博物館所蔵）を分析して、「おもろ研究会」は昭和七年八月ではなく十月五日に発足しており、全発を中心に八月頃に始められた研究会は「沖縄神歌学会」であって、その研究会が再組織されてできたのが「おもろ研究会」だったと指摘している（「伊波普猷と新おもろ学派」）。

また、阿波根朝松は、全発の『那覇変遷記』の書評（『沖縄タイムス』昭和五十三年六月十七日）で、おもろ研究会についてふれ、「毎週二回位の勉強会が数年も続いたが、奥様までご熱心で私財を投じて歓待してくださった」と書いている。その回数に違いはあれ、研究会が長期間にわたり続けられた大きな要因には、全発夫婦の温かいもてなしがあったことを記している。

新世代の研究者たち

この「おもろ研究会」は、南島研究会、郷土研究座談会に連続して、この沖縄の地で学術的な郷土研究を継続的に組織した点でも注目に値する。また、郷土研究において、伊波普猷、東恩納寛惇、真境名安興という沖縄研究の先達を加えることなく、全発をはじめとする次世代の研究者が主体的に組織した点でも特筆されるべきであろう。しかしそれは同時に、おもろ研究に対する先達と次世代、すなわち先達と新人世代とのおもろ研究に対する姿勢や方法の違いを、あらためて浮き彫りにすることにもなった。

島袋全発は、論文「オモロ研究の二大収穫」（『琉球新報』昭和七年十一月十七日）の冒頭で「オモロ研究の曙《あけぼの》は来た」と明言し、その理由として伊波普猷の「発音法」と、自らのおもろ研究会の「展読法」の発見をあげている。そして、「オモロの高等批評の盛《さかん》ならん事を唱導」した先達の伊波に対して次のように言及した。

（伊波が）オモロの各章に細字でかかれた前書きを、近頃曲名として認められるようになったことは、失礼ながら私達の見解と一致された雅量をお喜び申し上げる。

その全発の意気盛んな文章に対して、即座に反応したのは伊波ではなく、同じ沖縄学第一世代の東恩納寛惇であった。東恩納は「おもろの父伊波君の研究態度を讃仰しておもろ新人諸君に一言す」（『琉球新報』同月二十二日）で、「私は決して新人諸君の態度を斯《か》く批評しようとは思わない。ただ少し謙虚な態度を以て是のおもろ学創設者の偉大なる学徳に対されん事を切望に耐えない。これ実に学徒の徳義である」と非難した。

図9　東恩納寛惇（那覇市歴史博物館提供）

それに対し全発は、「おもろさうしの読み方―展読法の研究―」（『沖縄教育』一九八号）で、伊波のオモロ研究の業績に対し深く敬意を表しながら、「人或ひは、おもろ研究は限られた先達の領分で、濫《みだ》りに後人の踏入る可《べか》らざる聖域であるとなさん、例へばわが国の古事記や万葉集などに縄張があらうか。さういふ誤解こそ、先人に対する冒瀆《ぼうとく》であり、祖先崇拝の赤心《せきしん》なき輩である」と断じている。

この沖縄研究の先達と、全発とのやり取りには、どのような意義があろうか。鹿野政直は、新おもろ学派の批判について、「絶対的ともみえる〝権威〟に刃向《はむ》かおうとの気構えが、彼らの口調を過度に挑戦的とした」と指摘しながら、その批判は伊波にとって「後から弾丸が飛んできたようなショックを与えた」と書いている。そして、伊波の心情を分析し、伊波の中にその批判に対する「反射的な憤り」と同時に「故郷の後進」から批判を受けたことへの「心淋し」さがあったと指摘する（『沖縄の淵』）。

この伊波や東恩納と、全発とのやり取りは、まずは沖縄研究における先達と次世代との姿勢や方法の違い、として解釈することができよう。さらにそれは、中央で沖縄を研究する先達と、沖縄の地で沖縄研究を推進する者との違いとしても解釈することができるのではなかろうか。その点で興味深いのは、伊波や東恩納と同世代でありながら、沖縄の地で研究を続けた真境名安興の新おもろ学派に対する評価である。東恩納が、伊波に対する新おもろ学派の批判について、「新学派の断定は一面には学者間の礼儀をしらぬものである」と非難したのに比べて、真境名は「この学派に多くを期待している」（「一九三二年を送る／新おもろ学派の華やかな出発」『沖縄日日新聞』月日不明、『東恩納寛惇新聞切抜帳』）と肯定的に述べている。

伊波に対する新おもろ学派の批判は、沖縄研究の先達に対する新世代の批判としての側面とともに、中央に対し沖縄の地で研究する者の自負心の表出ともいえるものだった。鹿野政直によると、全発の批判は、伊波に自分の仕事を想いめぐらせる契機をもたらしたという。それは、全発にとっても同様なことだった。そのやり取りを通じて、沖縄研究ならびにおもろ研究における伊波の業績への敬意、さらに一次資料の蒐集とテキストクリティークの重要性について、あらためて全発に再認識させる契機となった。事実、その後の全発は、琉球・沖縄研究の一次資料の蒐集とテキストクリティークに対して、より積極的に関与するようになる。

一九三三年（昭和八）、全発は『中山世鑑《ちゅうざんせかん》』を校訂して、謄写版刷りで発刊する。続けて、当時県立図書館司書で「おもろ研究会」の一員でもあった宮里栄輝の校訂による『球陽《きゅうよう》』（三冊本正巻のみ・昭和四年発刊）に、全発は訓点を施し刊行している。また、同年八月には、沖縄県初等教育研究会の決議を受け、その代表陳情委員の一人として、尚家に対する「郷土文献公開に関する陳情書」に名を連ねている。さらに全発は、尚家に郷土文献史料の公開を懇請しながら、他方でそれに先行した形で琉球王府の外交史料である『歴代宝案《れきだいほうあん》』の所在確認とその公開に向けても尽力していた。

『歴代宝案』の発見

そして昭和八年十一月、その待望の『歴代宝案』が発見され、県立図書館へ移管されることになった。その過程で、中心的な役割を果たしたのが島袋全発であった。全発が、東恩納寛惇に宛てた『歴代宝案顚末記』に、当時県立図書館長で同じ郷土研究座談会の中心メンバーであった真境名安興から、全発が依頼

図10　戦前の沖縄県立図書館（伊波普猷生誕百年記念会（沖縄）編『生誕100年記念アルバム伊波普猷』1975年）

されてその所在の確認に尽力したことを記述している。全発は、昭和七年十二月の郷土研究座談会の席で、真境名から『歴代宝案』の県立図書館移管の依頼を受けて（『沖縄日報』昭和八年十二月二十九日）、昭和八年の春に久米村《くめむら》の天尊廟内事務所に幹部を訪ねて、同書の移管と東恩納寛惇の閲読を懇請している。『歴代宝案』の県立図書館移管時の新聞記事には、「仲本英昭氏の発見」という別の経緯も報じられているが、全発の存在と斡旋がその重要な役割を果たしたことは疑いない。東恩納はその経緯について次のように述べている。

初代二代以来懸案にして居た歴

代宝案の所在をつきとめ、久米長老諸大人を説得して、高閣からおろしたのは、わが全発君で、彼れの社交性がここに役立ったのであった。私は自らこの秘書の虫を払った事をほこりとする。而《しか》してここに全発君の努力と好意とに依るものであった事を改めて感謝せざるをえない。

（「教養の高い一市民」）

戦時体制と沖縄方言論争

総動員体制期における言論

沖縄県立図書館長へ就任

一九三五年（昭和十）七月、その『歴代宝案』が移管された沖縄県立図書館に、島袋全発は、伊波普猷《いはふゆう》・真境名安興《まじきなあんこう》の後を受け三代目の館長として迎えられた。伊波とのやり取りの過程で郷土資料の収集とその分析の重要性を再認識した全発が、郷土資料の収蔵で全国的にも知られた県立図書館の館長に就任したのである。その全発の館長としての奮闘ぶりを、東恩納寛惇《ひがしおんなかんじゅん》は次のように評した。

図書館の文献は伊波・真境名等諸君に依ってその基礎を置かれたものであって、必ずしも島袋現館長の功績のみに帰する事は出来ないかも知れないが現代に至って新たに追加されたものが亦《また》決して少なくない。少なくとも従来集められたものを整理しその足らざるを補って完璧に近いものとしたのは全発君の力である。……郷土図書館は

図11　沖縄文化探勝会（琉球新報社提供）

彼れの性格の社交性によって前二館長の象牙《ぞうげ》の塔を降って一般的啓蒙運動にまで進展しようとしている。

全発は、図書館を、図書文献や資料の収集保存と整理だけでなく、講習会や展覧会を通じて社会教育の付帯施設として位置付け、積極的に利用者へ開放した。その「図書館の新様相」は、東恩納が言うように、館長全発の常識的でおおらかな社交的性格に負うところが大きかった。県立図書館長に就任した全発は、社会教育の一環として、利用者に図書館を開放するとともに、郷土沖縄文化の重要性を訴えて、県民への啓蒙のため積極的に社会に関わっていった。

昭和十年頃、全発は沖縄文化に対する一般県民の認識を深めようと、「沖縄文化探

図12　島袋源一郎（那覇市歴史博物館提供）

勝会」を組織して、首里《しゆり》・那覇《なは》近郊の建築物探勝巡りを行っている（『那覇百年のあゆみ』）。また十一年には、久茂地《くもじ》川の改修工事や市街地への交通量拡大のため、旧泉崎《いずみさき》橋を解体し新造する計画に対して、全発は郷土文化の保存と那覇市街地の美観の観点から、泉崎橋の保存を主張する文章（「保存非保存」）を新聞に投稿し、社会への啓蒙活動を積極的に担っている。昭和十二年には、伊波普猷還暦記念のため伊波の功績を祝い、編集委員長として『南島論叢』を発刊し、沖縄研究の啓蒙のために尽力した。

さらに、全発は、昭和十一年に開館した郷土博物館の展示物の中に、日本主義の圧力により沖縄文化が否定される状況下で、わざと「沖縄的なもの」を陳列するよう、初代館長の島袋源一郎《しまぶくろげんいちろう》らと画策したことも知られている。島袋源一郎は、当時の沖縄教育会の中心的人物で人望が厚く、沖縄を訪れる本土知識人を案内して沖縄の歴史文化財だけでなく、沖縄の歴史や民俗文化全般を説明した博覧強記《はくらんきょうき》の人として知られている。

全発は、源一郎と親しく、昭和十年代前半には一緒に沖縄本島の国頭《くにがみ》、中頭《なかがみ》、南部の島《しま》尻《じり》地区の調査旅行を複数回にわたって行っている。源一郎は、一方で国家主義や皇民化政策を主張して推進しながらも、他方で沖縄文化の探求を手放すことはなかった（阪井芳貴「島袋源一郎の郷土研究」）。そこに、総動員体制下において日本主義が興隆する中で、決して沖縄文化の探求を手放さなかった全発との接点があったといえよう。昭和十七年三月に島袋源一郎は没するが、かつて源一郎が編集者であった『沖縄教育』（三〇九号）において、全発は源一郎の回想として先の沖縄本島の「部落調査」に関する万感の思いを込めた追悼文とともに、西幸夫の雅号で「挽歌《ばんか》」という表題による次の短歌を詠んでいる。

ほがらけく　大世主の　鐘の銘　よみあぐるみこゑ　きこゆと思ふに
ほがらけく　たけく雄々しく　博士らに　島のいのちは　説かししものを
たまきはる　いのちのきはみ　ふるさとに　ささげ尽して　逝《ゆ》きし君はも

『心の花』の同人へ

中学時代から短歌に親しんでいた島袋全発は、昭和十三年九月に短歌会である「心の花」に入会する。短歌雑誌『心の花』の同月号の報告で、沖縄の島袋全発君が入会したと記されている。

山崎敏夫によると、雑誌『心の花』は、明治三十一年二月に発刊され、初期は単なる短歌雑誌にとどまらず、多彩な色彩をもった文芸誌であった。明治三十七年一月から石榑千《いしくれち》亦《また》の一人編集となり、竹柏《ちくはく》会の機関誌となる。竹柏会は、竹柏園《なぎその》を号した歌人の佐佐木弘《ささきひろ》綱《つな》とその子信綱を中心にして設立され、「広く、深く、おのがじし」が信綱の作家指導の方針であった。『心の花』の誌面は多彩で、「新しき」ものを求めた編集方針は必ずしも小さいものとはいえないが、その動きはけっして急進的なものではなかった。昭和十七年には石榑千亦が没し、戦後初期は信綱の三男、佐佐木治綱が編集責任者となり、治綱没後の昭和三十八年からは治綱の子息・佐佐木幸綱らに受け継がれ今日まで発刊されている。

なぜ、全発が昭和十三年の時期に「心の花」に入会したのかは詳《つまび》らかではないが、その雑誌の編集方針が急進的ではなかったことが、中庸的な志向性をもつ全発の興味を引いたものと考えられよう。島袋全発と「心の花」については、すでに仲程昌徳による記述がある（『琉書探求』）。全発は入会した翌月の昭和十三年十月号から短歌を投稿しており、掲載された短歌は昭和十五年五月まで十八回を数え計七十九首もあって、昭和十三年十一月号までは島袋全発の名前で、同年十二月号からは筆名の西幸夫の名前で投稿している。昭和十三年十月から昭和十四年十二月までは毎月掲載されており、昭和十五年は二月、三月、五月号で掲載され、それ以降には全発の短歌の掲載は見当たらない。

ちなみに掲載された十八回の短歌の表題だけを時系列に記すと、「那覇港の軍馬」「首里城」「沖縄島より」「白雲」「南島冬信」「南島より」「緋寒《ひかん》桜」「南島春信」「青陽」「梯梧《でいご》の花」「南島の移民」「城下町」「三味線まつり」「帰還兵」「台風」「毛糸」「墓石」「図書館移転」となっている。また、昭和十四年十月号では、八月号に掲載された「南島の移民」から一首が取り上げられ講評されている。それらの短歌を詠むと、全発がみた昭和十三年後半から昭和十五年前半までの沖縄の各季節の自然情景や景勝地、総動員体制下の沖縄の社会世相の情況がうかがえる内容になっている。とくに総動員体制下の沖縄の社会世相の情況を詠った短歌の中には大変興味深いものがある。その中から印象に残った短歌を、以下に記したいと思う。

すべもなく　心は惑ふ　老いづける　親をしおきて　出稼ぐわれは

悲しかる　声はりあげて　老い母は　萎《な》えし手巾を　移民船に振る

沖縄の海外移民は、ハワイへの移民を嚆矢《こうし》として明治三十年代前半から始まり、その後に南米移民へと変化するが受入国の移民制限などがあって減少し、一九二二（大正十一）年に南洋興発株式会社が設立すると、沖縄からの移民出稼ぎは南洋群島へと本格化していった。沖縄では大正末期から昭和初期にかけてソテツ地獄と言われた大不況下にあり、沖縄からの移民出稼ぎが増大する要因となっていたが、その時期にかけて沖縄からの移民出稼ぎの最大の地は南洋群島であった。さとうきび作りの従事者として南島の沖縄県民が政策的に誘導された面や、委任統治の地であった南洋群島は外国へ行くためのパスポートがいらなかったこともあって経費が安く済み、沖縄からの移民出稼ぎがことさら増大する要因となった。
この短歌は昭和十四年八月号の「南島の移民」から抜き出した二首であり、那覇港から出発する南洋群島へ移民する人々の情況を詠んだ歌である。前者の歌は、不況のなか貧しさゆえに年老いた親を沖縄に残して家計のために移民しなければならない人々の姿を詠んだ歌で、当時の移民する人々の心情を写し取った歌だ。後者の歌は、その残された親が、家族のために移民出稼ぎに行く息子や娘の無事を祈って、移民船に向かい手サジ（てぬぐい）を振っている姿を詠っている歌である。両短歌は、昭和戦前期の沖縄からの南洋移民の様子を詠っており、当時の沖縄社会の断面を写し取った歌だといえよう。

みいくさに　征《ゆ》くとしきけば　愛しくて　見すぐし難し　群れきほふ馬
遠祖は　貢馬なりけむ　大陸へ　那覇の港を　いま出づる馬
皇国の　領にし生まれて　けものらも　大み軍《いくさ》に　従ひ征くも

この短歌は、昭和十三年十月号に掲載された「那覇港の軍馬」五首から抜き出した三首で、前二首は、中国との戦争に従軍する軍馬が那覇港から出発する直前の情景を詠ったものである。三首めの歌は、軍馬を詠んだものか、朝鮮半島から強制連行された軍夫たちを詠んだものなのか、はっきりしない。仮に朝鮮半島から強制連行された軍夫たちの中国への出征の様子を詠った歌だとしたら衝撃的である。それは、全発が、彼らのことを「けものらも」と詠んでいる点にある。そうだとすると、大正期の満州や朝鮮半島の旅行見聞の際に全発の中で差別された朝鮮人や中国人への温かな眼差しがあったのだが、総動員体制期の状況下になると、その眼差しは消えうせ、彼らを「けものらも」と詠むにまでに至ったことを、この歌は示していることになる。であるなら、その歌から、全発が当時の社会世相を反映した差別的視線に、いかにゆがめられていたのかがわかる。総動員体制下での全発の姿勢は、日本の植民地であった朝鮮半島から強制連行された軍夫たちを差別する視線から免れておらず、大きく変容している姿が見いだされる。

出征の　幟もいつしか　取除き　街のなかの家　ひそまりて居ぬ
提灯《ちょうちん》の　光ながらふ　人ごみの　中にわがをり　吾子の手をひき（祝勝行列）
新しき　年迎へつつ　大陸の　奥地にひろがる　聖戦をしおもふ

最初の短歌は昭和十三年十二月号の「沖縄島より」から抜き出した一首で、一時盛り上がった出征を祝う時の幟も取り除かれて、街中がひっそりした様子が詠われている。二番目の短歌は昭和十四年一月号の「白雲」から抜き出した一首で、日本軍の武漢三鎮攻略祝勝行列にわが子と参加した様子を詠った歌である。両短歌は、戦争への沖縄社会の世相の変化がうかがえる歌となっており、全発もわが子とともに祝勝行列に参加した事実が記されている。三番目の短歌は昭和十四年三月号の「南島より」から抜き出した一首で、新年を迎えて中国大陸奥地へと広がる聖戦に思いをはせる全発の姿が詠まれている。これらの三首から、沖縄社会世相の変化とともに、戦争に一体化して向かい合うようになっていく全発の姿勢の変化がみえてくる。

『心の花』に投稿された短歌は、戦時下へと向かう昭和十三年、十四年の沖縄社会の状況や世相の断面をたくみに切り取っており、まだ声高な戦争遂行への歌は聞こえないが、戦争へと一体化していく全発の視線がうかがえる。

沖縄方言論争

ところで、昭和十二年に日中戦争が勃発し戦時体制下に入ると、沖縄では日本精神に基づく国家主義政策が強圧的に推進され、戦時文化統制により、沖縄文化が否定されるようになる。その中心的な役割を担ったのが、昭和十三年六月に第二十四代沖縄県知事として就任した淵上房太郎《ふちがみふさたろう》であった。淵上は、一高時代から作家の菊池寛《きくちかん》と親交があり、布施一郎のペンネームで文化人知事としても知られていた。島袋全発も、菊池寛と京都大学時代の同窓であり、歌人である淵上の沖縄県知事就任を歓迎し次のような短歌を詠んでいる。

民挙れ　振ひたたずむ　時の今を　ほがらかに迎ふる　県の長を
先づ聞くや　布施一郎の　ペンネーム　この島びとは　よろこびにけり
（『琉球』第二巻十号）

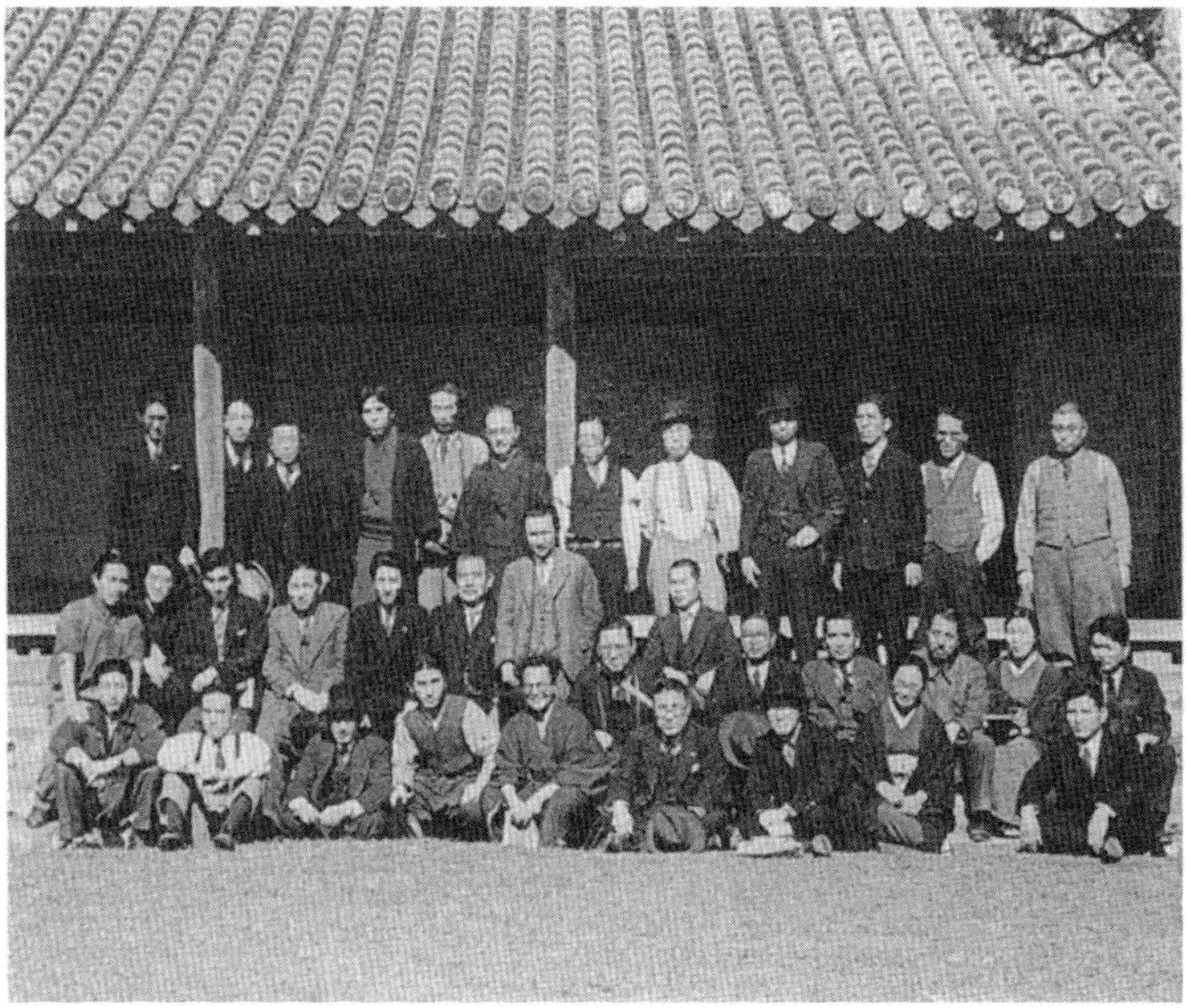

図13　日本民芸協会沖縄調査団（第１回目のもの，『琉球・沖縄写真絵画集成　第２巻　日本になった沖縄』日本図書センター，1997年）

ところが淵上知事は、戦時下の国民総動員体制を背景にして、官公吏の綱紀《こうき》粛正《しゆくせい》を名目に辻遊郭の改革を始め、沖縄の伝統的風俗や文化を撲滅する施策を強圧的に推進させた。実際、淵上が知事就任の間に、琉髪や琉装の婦人は急激に減少した。それを当時の新聞は、その伝統的風俗や文化の急激的な減少を「沖縄文化に特筆大書さるべき」と評価しつつも、その急激さにとまどい「亡びゆく琉装、琉髪にそぞろ哀愁の心すら湧く」とさえ報じている（『大阪朝日新聞』昭和十六年四月十六

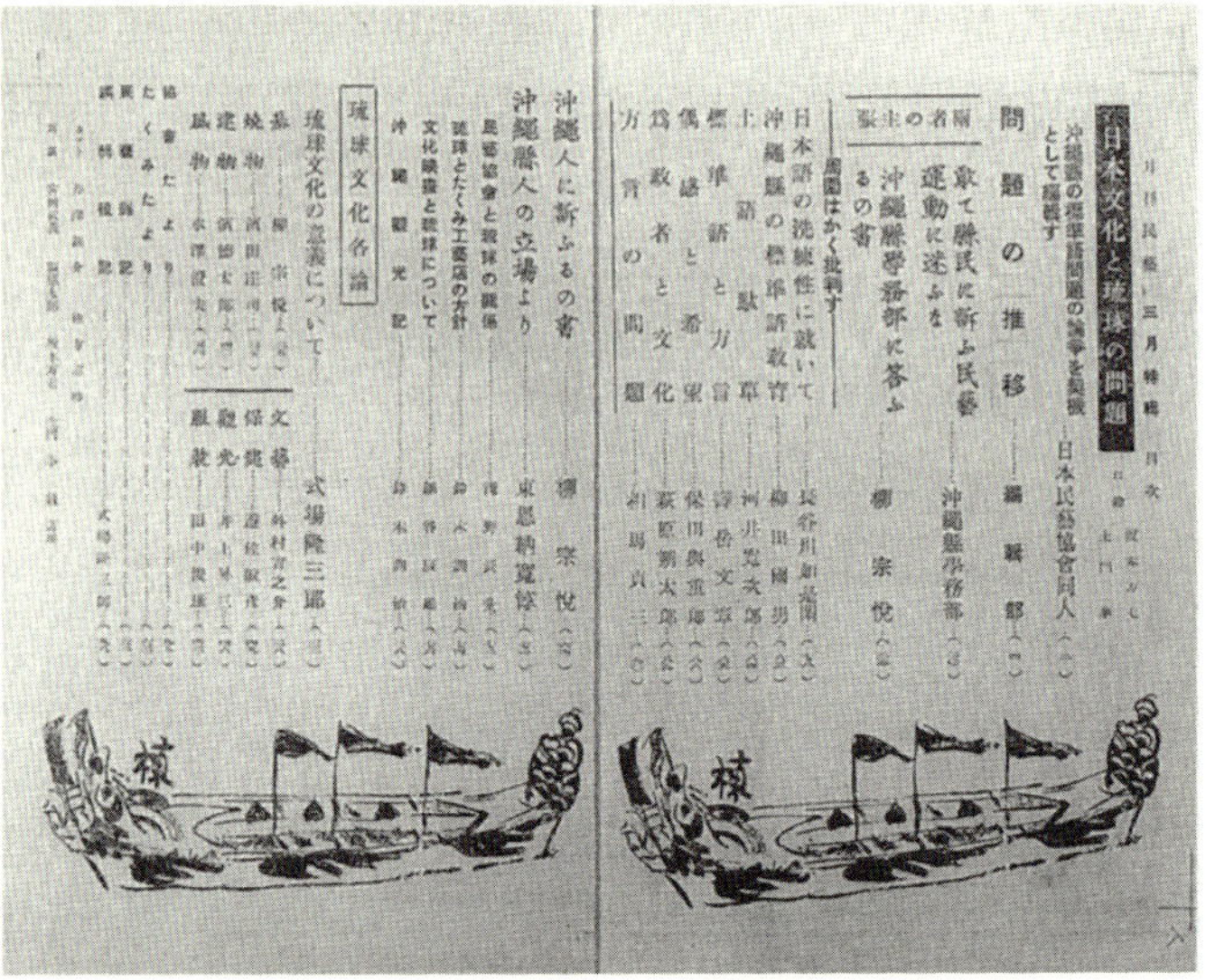

月刊民藝 三月特輯 目次

日本文化と琉球の問題

沖縄縣の標準語問題の論争を契機として編輯す ―― 日本民藝協會同人

問題の推移 ―― 編輯部

敢て縣民に訴ふ 民藝運動に迷ふな ―― 沖縄縣學務部

沖縄縣學務部に答ふるの書 ―― 柳宗悦

編者の主張

周圍はかく批判す

日本語の洗練性に就いて ―― 長谷川如是閑

沖縄縣の標準語教育 ―― 柳田國男

土語駄草 ―― 河井寛次郎

標準語と方言 ―― 壽岳文章

為政者と文化 ―― 萩原朔太郎

方言の問題

沖縄人に訴ふるの書 ―― 柳宗悦

沖縄縣人の立場より ―― 東恩納寛惇

民藝協會と琉球の關係

琉球とたくみ工藝店の方針

文化映畫と琉球について

沖縄觀光記

琉球文化各論

琉球文化の意義について ―― 式場隆三郎

織物 ―― 柳宗悦

焼物 ―― 濱田庄司

建物

風物

文藝 ―― 外村吉之介

保健

觀光

服裝 ―― 田中俊雄

協會だより

たくみだより

図14　『月刊民芸』の目次（1940年３月号）

日）。

そして、淵上県政がその沖縄文化撲滅の施策として積極的に遂行したのが、「標準語励行県民運動」であった。沖縄県は、昭和十四年六月発行の「国民精神総動員実施概要」を受けた「標準語励行県民運動要項」において、この標準語励行運動が「現下非常時局ノ際国民精神総動員実施」の「一運動」であることを明記し、各関係機関に実施項目を決め、つよく奨励している。

その延長において戦時体制の状況下で交わされたのが、昭和十五年に起こった「沖縄方言論争」（以下、方言論争と表記）であった（方言論争の時代、文化的背景については、戸邉秀明「沖縄　屈折する自立」を参照)。この方言論争は、沖縄県学務部と柳宗悦《やなぎむねよし》らの日本民芸協会同人との間で、ほぼ一年間にわたって、前半は地元新聞紙上や雑誌『月刊民芸』で、後半は中央誌を舞台にして、多くの知識人がかかわって議論が展開された。

方言論争は、柳宗悦が三回目の来沖のときに起こったが、全発は、彼らの二回目の訪沖のさいに訪問を受けている。小野寺啓治編の「柳宗悦沖縄旅行年表」によると、昭和十四年三月三十日に柳らは、全発が勤務する沖縄県立図書館を訪ね、父柳楢悦《ならよし》の著書『南島水路誌』を初めて手に取り見ている。そしてそれを契機として、民芸同人の琉球の織物を研究する田中俊雄が沖縄に滞在しているあいだ、図書館長の全発を訪ね頻繁に会っている。全発は、開南中学校校長の志喜屋孝信《しきやこうしん》に依頼して、中学の教室の一室を田中の研究室に充てる便宜を図った。その間、全発は、民芸協会同人の依頼で、雑誌『工芸』琉球特集・第百号や『琉球の織物』の原稿に目を通し、語句の訂正や沖縄語の校正を行うなど、琉球文化全般について民芸同人に対し助言を行っている。

資料が語るもの

これまで、島袋全発は方言論争において、民芸協会の柳宗悦の所論に同調したため、標準語励行運動を積極的に推進していた淵上知事の逆《げき》鱗《りん》にふれ、県立図書館館長を罷免されたと論及されてきた。事実、そのような経緯をたどることになるが、全発が方言論争に関して新聞紙上でどのような内容の文章を発表し問題になったのかについては、最近まで当時の新聞資料が発見されてなくてわからなかった。ただ、全発が書いた文章の表題と、その一、二行の要約が『民芸』（昭和十五年十一、十二月合併号）に編集部による「沖縄言語問題資料解題」として収録されており、それからの推察と関連資料により先の指摘が行われていたのである。それが近年、国学院大学図書館「折口信夫《おりくちしのぶ》博士記念古代研究所」で昭和十一年から十五年までの『琉球新報』や『沖縄日報』がまとめて発見されたことで、今日ではそれを容易に読むことが出来るようになった。

　全発は、この方言論争に関して「随想三題（上・下）」（『琉球新報』『沖縄朝日新聞』二月十四、十五日）、「標準語の奨励に覆面の必要ありや」（『琉球新報』二月二十四日）、「春宵茶《はるよいちゃ》話《わ》（上・中・下）」（『琉球新報』二月二十九、三月一、二日）の三文章を書いている。しかし、「標準語の奨励に覆面の必要ありや」の文章は、今回もその期日の新聞資料が欠落しているため読むことができない。他の二つの文章は主として、「随想三題」が民芸同人の外村《とのむら》吉之介《きちのすけ》の「琉球の友へ」に対する返事として、また「春宵茶話」が山田正孝という匿名で全発を批判していた当真嗣合への反論として書かれている。とくに全発は、当真の匿名批判に対して大変不満だったようで、短歌においても次のように批判的に詠んでいる。

　　ことばの問題に憤ることありて

言葉のさき　はふ国のみ　民なりなど　もの言ふと　面隠しかる
いきどほる　心のほのほ　吐出さむ　さかしきやから　ことごと寄り来
（『心の花』四四巻五号、昭和十五年五月）

全発は、先の二つの文章で、方言問題に対する自らの考え方を述べている。しかし、その内容において柳宗悦の所論に同調し淵上知事の逆鱗にふれたと考えられる部分は、ほとんど見当たらない。あえて指摘するとすれば、「春宵茶話」の中で、方言論争における県の指導者の対応に対して疑義を呈している次の箇所であろうか。

柳宗悦氏がいくら有名人なりとして、その声明書一たび出でて、所謂《いわゆる》指導者たちが、かくも大騒ぎせねばならない県を情なく苦々しく思ふ。率直に私の感じを披瀝《ひれき》すれば、それは卑怯者の心理でしかない。

全発の県当局に対する批判的な論調は、この部分だけである。むしろ、全発のこの二つの文章から読み取れるのは、県の政策とも柳宗悦の論調に同調したとも異なる、全発の方言問題に対する独自な考えと明確な姿勢である。全発は、方言について次のように言い切っている。

正直にいつて訛誤《かご》の多い今日の琉球方言には私などもあまり執着はない。これをもつて文学を創作せよなどと言ふのは夢のなかで踊つてゐるやうなものである。その語ゐの貧弱さは話にならない。今日の世の中で、よくも琉歌を詠んで楽しめるものだとあきれる位である。

そこには、方言文学や琉歌に対する否定的な考え方がみられる。しかし重要な点は、全発が方言をそのようにとらえながらも、標準語奨励のため方言を撲滅することについては反対であったことである。全発は、方言と標準語奨励について、方言論争の発端となった「観光座談会」の席での、志喜屋孝信の閉会の辞を引用することで自らの考えを示唆している。

私は三十年間学校教育に従事した者であるが、標準語奨励すべしとの信念を愈々《いよいよ》固めつつある者である。而《しか》して方言亦《また》撲滅す可《べか》らずの信念を有す。

島袋全発は、標準語を奨励すべきだが、方言を撲滅してはならないとの考えであった。結果的には、「標準語励行のためには方言を撲滅すべきだ」とする県当局の政策を批判した、柳宗悦らの日本民芸協会の考え方にほとんど近いものといえる。しかしそれは、全発が、柳宗悦の所論に全面的に同調したことを意味するのではない。そこには、方言問題や沖縄文化に対する、柳宗悦らの日本民芸協会同人の考えや姿勢とも異なった、島袋全発の独自な考え方や明快で自立的な姿勢が存在する。その点で、民芸同人の外村吉之介の「琉球の友へ」に対して、郷土史家・島袋全発が返書と

琉歌をめぐって

して書いた「随想三題（上）」という文章は大変興味深い。全発は、前に外村の書いた「琉球の民謡」という文章の、直感の鋭さと鑑賞眼の豊かさを指摘しながら次のように述べている。

端的にいえば、君は殆ど琉歌を買被《かいかぶ》っていはしないかと想われるほど、深い同情をもっているので、私としてはくすぐったい気がしなくもなかった。

全発からすれば、その琉歌に対する外村の「買被り」や「深い同情」が、たとえば歌人、吉屋チルーの歌の解釈に対する外村と沖縄側の関心の違いとなって表れた。吉屋の歌について、全発はその歴史的考証や的確な語句の表現に関心を寄せるが、外村はその吉屋の歌がたとえ誤って伝えられたとしても、琉球の民が口から口へと伝え、そのような美しい歌にまで改作されたことを評価し重要視する。吉屋の歌に関する、この両者の違いは示唆的である。それは、沖縄文化を内側からとらえ時代考証を重視する全発と、琉歌が伝統的に継承され現在でも活き活きと歌われているあり方を外側から評価した民芸協会同人との視点の違いである。全発は、外村の琉歌のとらえ方を次のように批判する。

それでも形式は粗で内容さへよければと云ふであらうか。凡《およ》そ詩歌に於ては一語半音でも忽《たちまち》にして□鑑賞をこはす恐れが多分にある。多衆が訛っているならそれがいいと云ふのでは話にならないのである。況《いわん》や誰が多衆を知る者と云ひきり得るか。君達の同人でさる婦人雑誌に、沖縄口では老人のことをタンメーと云ふが、これは即ち短命であると書いた人がいたので（沖縄では老人をタンメーと言うが、短命の意味とは関係ない）、早速注意してやつたが、琉歌を賛美するならば、もう少し琉球語を理解しなければと云ひ度くなつてきたのである。（中略）

君が私に琉歌の創作をすすめるその心持ちも、どうやらわからなくもないが、それは美しい夢の一つでしかないことを早く悟つていただき度いと、私の友情はなげくばかりである。

この文章には、先にふれた全発の琉歌に対する否定的なとらえ方が背景にあり、沖縄文化に対する全発の考え方や姿勢がよく示されている。ここには、沖縄文化を決して「卑下」するのでもない、かつ過剰な思い入れによって「過大評価」するのでもない、全発の客観的な姿勢と自立的な視点がみられる。

しかし、その総動員体制期の全発の考えには、沖縄文化に対する確たる姿勢と重なって、同時に「日本精神」の主張というあやうさが同居していた。それは標準語奨励に関する全発の次の発言にみられる。

標準語を上手に使ひこなすに至り度《た》いものではあるが、それよりも先《ま》づ日本精神や大和魂を十分に理解せよと説き度いものである。

　手っとり早く日本精神になり度ければオモロを研究しなさい。

この時期の全発においては、沖縄文化は日本精神と地続きであり、オモロに代表される沖縄文化を学ぶことは日本精神を理解することへと変化していた。

方言論争により図書館長退職

　一九四〇年（昭和十五）四月十七日、島袋全発は沖縄県立図書館長嘱託を退職する。実際は、方言論争に関連して、淵上知事による解任更迭であった。その全発の図書館長退職に関連する記事を『琉球新報』は、淵上知事による弾圧的な「辻改革」に対する反発も背景にあって、積極的に報道した（高嶺朝光『新聞五十年』）。

四月八日の『琉球新報』は、四段抜きで、「県当局の不明朗な人事／島袋図書館長に辞職を迫り／諸見里《もろみざと》社教課長を起用／近く発令、各方面衝動与ふ」という大見出しで、両者の顔写真のある記事を大きく掲載して、次のように報じている。

　県立図書館の移築並《ならび》に本県文化の功労者として就任依頼、鋭意本県の社会教育に努力した島袋全発に対して県当局は去る三月中旬ごろ、勇退を迫りその後任に社会教育課長の諸見里朝清氏を据ゑるべく極秘《ごくひ》裡に話を進め各方面に衝動を与へてゐる。

同じく、翌日の「金口木舌《きんこうぼくぜつ》」の欄では、辞職を勧告された図書館長・島袋全発の具体的業績として、図書館の那覇市中心部の内兼《うちがね》久山《くやま》への移転業務、各町村の教育主事設置の創案、巡回文庫の拡充を挙げ、また郷土史家としても権威的存在である名館長の全発を、移転落成式の直前に罷免するのは「残酷である」と指摘した。そして淵上知事に対し、確かに法規上で嘱託館長の罷免は知事の権限であるが、この解任はこれまでの図書館長人事の伝統からすれば「重大問題」であり、しかも適任者で過失のない島袋館長を単なる人事案件で罷免するのは弊害を残すと述べ、今一度再考されて「適材適所の人事政策を切望する」と訴えた。

しかし、全発は辞職勧告に対し、自らが辞表を提出する形で図書館長を退職したのである。この図書館長辞職の経過を見て、ここに全発の反骨精神を認めることも可能であろう。だが、やはり方言論争の余波を受け、淵上知事からの突然の辞職勧告によって、県立図書館長を退職せざるをえなかった全発の心情は、いかばかりだったろうか。

同じく「金口木舌」によると、昭和十年に二高女校長から館長への転任の際、全発は当初、県当局の要請を再三固辞したという。さらに県当局から、前任の笑古真境名安興亡き後、氏の外に適任者なしと三顧《さんこ》の礼を受けて、ようやく全発は「終身官の約束」で承諾した経緯があった。そのような図書館長就任時と退職の際の経緯を考え合わせると、図書館長を退職せざるを得なかった全発にとって、その失意の念は想像に余りある。その全発の無念の思いに想像を馳せざるをえない。

全発は、その無念の思いを、普通の文章ではなく短歌によって吐露している。四月二十四日の『琉球新報』に投稿された「退職」という、このあまりにも直截的な表題が、その時の全発の無念さを端的に表出している。

今日こそは　辞表出さめと　決めし朝　常なくわが子を　愛しいと思ふ
退職の　手つづき決めて　庁を出づれば　何か取引を　済ししごとし
辞表出して　来し草原や　久方の　天の光は　照り足らひたり
昨日まで　わが勤めつる　図書館の　灯影しづけし　所用にて寄るに

これらの短歌から、不本意な理由により図書館長を退職せざるをえなかった全発の無念さが読み取れる。淵上知事による館長島袋全発の罷免は、沖縄県立図書館の歴史が「郷土資料の宝庫」から戦時期の「翼賛《よくさん》文庫」へ、と大きく転換する契機になるものであった。

全発は、一九四〇年（昭和十五）四月に沖縄県立図書館長を退職すると、すぐに翌日私立開南中学校の教諭として迎えられた。その全発の近況を、四月二十四日付の『大阪毎日新聞』は、「十八日、依頼退職発令された前沖縄県立図書館長・島袋全発氏は、教育界に返り咲いて志喜屋孝信氏の経営する私立開南中学校で育英に奮闘するかたはら、郷土研究に没頭することになつた」と伝えている。全発は、翌二十五日の『琉球新報』で「身辺雑抄」という表題の次のような短歌を詠んだ。

離れたる　仕事はつひに　惜からじ　人のなさけの　身にしむもの

全発はその後、私立中学校の一教諭として戦時下を歩んだ。しかしその道すじは、平坦ではなく大きく揺れるものだった。

戦時体制下、戦場での全発

戦時下の全発　一九四〇年（昭和十五）十月十二日、第二次近衛文麿《このえふみまろ》内閣によって大政《たいせい》翼賛会《よくさんかい》が創設され、沖縄でも十二月十日に大政翼賛会沖縄支部の発会式が行われた。翼賛会県支部では、経済委員会とならび文化委員会が設置され、翼賛文化運動すなわち「県民生活の特殊性の改善促進を図らん」とする県民精神作興運動が、その重要方針の一つとして掲げられた。翌年二月二十七日には、翼賛会県支部の両委員会委員のメンバーが決定され、島袋全発は文化委員会委員の一人として志喜屋孝信《しきやこうしん》や島袋源一郎《しまぶくろげんいちろう》らとともに名を連ねている（『文化沖縄』昭和十六年四月号）。

さらに八月九日には、その翼賛文化運動に協力するため、県内各種芸術団体が統合され、地方文化の建設を目指した「沖縄地方文化連盟」が新たに発足した。全発は、その文化連盟の第一回準備会に参加している（『文化沖縄』同年六月号）。全発は、文化連盟の単位団体で最初に発会した沖縄文芸協会の幹事を山城正忠らと務めた。昭和十七年二月、県文化連盟は初の事業として、「戦捷《せんしよう》と拓南《たくなん》展ともいふべき総合展」の開催を決定し、その一環として三月、四月に県立図書館で、南進政策を背景に南方に関する市民講座「図南塾」を開設した。全発は、その図南塾に、「所管」を述べる評者として参加している（『沖縄教育』昭和十七年四月号）。また同年三月、沖縄郷土協会の役員改選に伴ない、全発は副会長に選出された（『大阪毎日新聞』三月三十一日）。

さらに、全発は館長を退職し下野《げや》したにもかかわらず、同年六月「翼賛選挙」の一環として行われた那覇市会議員選挙に立候補している。その翼賛選挙における全発の立候補は、自発的な行為というより「那覇の諸先輩の強い慫慂《しようよう》による」（富名腰《ふなこし》年譜）ものであったが、全発は百四十七票を獲得して、定員三十六人の中の十九位で当選した。『大阪朝日新聞』（昭和十七年六月九日）は、その選挙を「翼賛市議へ新しき歩みの新市議」と大見出しで伝え、全当選者の顔写真とともに、議長候補の一人として名前のあがっている全発の次の談話を掲載している。「今日の情勢では政策といふより、むしろ人の和が根本であり、親和協調こそ市政の円満協力なる振興の鍵である」と。

以上が、現在確認できた資料による、図書館長を退職した後の、全発の公的活動の軌跡である。全発は、戦時下に翼賛会文化委員会に関与し、翼賛市議として当選した。その事実は、戦時下の全発の言動を考察するうえで大きな影を落としている。

大政翼賛会は、基本理念として「万民翼賛、一億一心、職業奉公」を強調し、翼賛運動の目的として「臣道実践体制の実現」を目指した。翼賛運動には、基本的に昭和十二年に始まった「挙国一致、尽忠報国、堅忍持久」を目標とする国民精神総動員運動の理念が貫徹されている。その国民総動員体制の確立のために、大衆の生活・文化の向上を課題とする厚生事業が開始され、文化政策の必要性が唱えられた。

とくに、地方や農村の生活文化の振興が課題とされ、精神運動をうけた翼賛運動においても、翼賛会文化部を設置し地方・農村文化運動を本格化するようになる（北河賢三「戦時下の世相・風俗と文化」）。その地方文化運動についての近年の研究によると、大政翼賛会文化部が指導した地方翼賛文化運動は、戦時下の文化運動の中では比較的自主性を保っており、日本主義＝皇道主義の呼号だけでなく、それと距離を置いた地方の生活文化の向上を求める運動もあった、と指摘されている（赤澤史朗「太平洋戦争下の社会」）。

前述したように、沖縄における翼賛文化運動は、大政翼賛会県支部の中に文化委員会を設置し、国家主義による県民精神作興を重要方針の一つとして掲げ推進された。そして翼賛会文化委員会は、その翼賛文化運動を積極的に推し進めるため、県下の文化諸団体を編成統合して、沖縄地方文化連盟を発足させた。その文化連盟の綱領には、郷土文化の創造による日本文化の育成発展、消費・享楽的自由主義文化の排除と県民の生産建設的活動の促進、新地方文化の所産による県民生活の向上などの基本方針が掲げられた。

戦時下の沖縄文化に関する政策については、西原文雄、大城将保らの諸研究で基本的なことが明らかになっている。それによると、国策の南進政策に沿う南進論の称揚とともに、国策に直接的に対立しない芸能や史蹟、伝統工芸文化などの琉球文化再評価と、標準語励行運動による方言撲滅、ユタ取り締まりなどの強圧的な戦時文化統制とが、一対として推進された（西原文雄『沖縄近代経済史の方法』）。

思想の変容

島袋全発は、先にみたように、戦時下に翼賛会文化委員会や沖縄地方文化連盟に関与し、翼賛選挙といわれた市会議員に立候補して当選した。関与した事実だけは確認できるが、その実態はよくわかっていない。だが、関与した事実は、全発の戦時下の言動を考察する際、けっして看過しえない重要な意味をもつ。しかしここでは、彼が大政翼賛会文化委員会に関与していたという事実だけで、戦時下の言動を総否定する考え方はとらない。そのようなとらえ方とは違う視点から、全発の言動を考えたい。なぜ、できれば、全発の言動における変容とその揺れたことの意味を考えてみたいと思う。なぜ、全発は小声であっても戦争遂行の声をあげるようになったのか。その背景にある全発の思想的な変容と、限られた資料の中から全発が詠んだ当時の短歌を見ることによって、その声のあげ方について検討したい。

まず、全発が戦争遂行の声をあげるようになった、思想的な変容について考察する。結論から先に述べると、その一因は、「沖縄文化」と「日本精神」との関係に対する全発のとらえ方の変化にあるように思う。換言すると、その背景には、全発の「琉球民族」に対する認識の変容が指摘できる。

大学時代の全発は、前に言及したように、「琉球民族」について次のようにとらえていた。全発は、統治権に支配される「国民」と、文化にかかわる「民族」とを区別し、「琉球人」は「日本国民」であるが、「大和民族」とは異なる「異民族」として考えた。つまり、民族の主観的要因を主張し、「琉球人」を「日本・大和民族」とは異なる「琉球民族」としてとらえていたのである。それは前述したように、民族概念の客観的要因を強調して日琉同祖論を主張した伊波普猷の考え方とは異なり、その主観的要因を強調した点に特徴があった。

ところが、大正末期の全発の文章では、「琉球人」や「琉球民族」という言葉が消え、「吾々日本人」や「大和民族」という語句が前面に出るようになる。それは全発の中で、「琉球人」や「琉球民族」は「日本人」としての「日本・大和民族の一支族」であると認識し直したことを意味した。そして、前述したように昭和十五年の方言論争において書かれた文章「春宵茶話」では、標準語（日本語）と日本精神、そしてオモロとの関係について、次のように記述するまでに至った。

まず、標準語を上手に使いこなすには、「日本精神や大和魂を十分に理解」しなければならない。その「日本精神になりさへすれば、日本語は従つて上手になる筈」である。そして、「日本精神になり度《た》ければオモロを研究」すべきである、と。

この日本精神を理解するためにオモロを研究しなさいという全発の主張は、大和民族とは異なる「琉球人」の「異民族」性を強調した、かつての全発の考えから大きく隔たっている。その主張からは、全発の「琉球民族」に対する認識の変容、すなわち「異民族」としての「琉球民族」から「日本民族の一支族」へ、と全発の民族認識が変化している点が指摘できよう。そしてそれは同じく、オモロに代表される「沖縄文化」を「琉球民族」の文化と考える枠組みから、「日本民族」文化の祖型として「沖縄文化」を考える枠組みへと変容したことを示すものである。総動員体制期の全発には、オモロに代表される「沖縄文化」は「琉球民族」の文化としてではなく、あくまでも「日本民族」の「日本精神」を理解するために、その祖型としての「沖縄文化」を学ぶものとして位置付けられた。

しかし、そのような考えは、なにも全発だけの認識枠組みではなかった。それは当時、沖縄研究に主導的役割を果たした日本民俗学の「古日本の鏡としての琉球」という言説の影響、すなわち「沖縄文化」を日本文化の「祖型」や「原型」として位置付ける基本的な枠組みに基づくものであった。島袋全発と柳田国男との直接的な交流は確認されていないが、柳田の沖縄研究の枠組みから全発が多大な影響を受けていたことは間違いない。事実、全発は昭和十一年の三月の段階で柳田が主宰する「民間伝承の会」に会員として入会しているし、さらに柳田と比嘉《ひが》春潮《しゅんちょう》が編集した『島』の同人となっている。したがって、全発の認識のなかで、柳田の沖縄研究の枠組みが重要な意義を占めていたことは疑いない。たとえば、当時県立第一中学校教師で同じく柳田の影響を受けていた文学・民俗学者であった小野重朗の次の文章は、全発の考え方とほとんど同じである。

　いま大東亜戦争の唯中に叫ばれてゐる地方文化の確立といふことも、沖縄にとつてはもう立派に実験済みなのである。吾々の求められてゐる地方文化は神歌おもろを作つた沖縄の祖先の心を心として作るべきものだといふこと、つまりは地方人の生き生きとした創意が働いてゐること、率直で清らかで雄々しい日本の心をその髄としてゐること。この二つだけは忘れられてはならぬと思ふ（『大阪朝日新聞』昭和十七年三月八日）。

このように、おもろに代表される「沖縄文化」は、戦時下に「日本の心の髄」として位置付けられた。戦時下の沖縄文化に対するその認識は、日本国家における沖縄文化の位置付けとして学問的に正当化されたことで、逆に政治的には大きな陥穽《かんせい》の役割を果たすことになる。

戦時下を詠む短歌

ところで島袋全発は、戦時下の公的な言動とは別に、自らの心情を散文ではなく、短歌によって吐露している。ここでは、図書館長退職後に新聞や雑誌で発表されたそれらの短歌をみることで、戦時下における全発の戦争遂行の、声のあげ方について考えてみたい。

西幸夫すなわち島袋全発が、図書館長退職後に詠んだ短歌の中で、とくに目を引くのが、その後の就職先となった開南中学校の生徒たちに関する歌と、養子として迎えた「わが子」全二郎について詠んだ歌である。全発は、図書館長退職後に『琉球新報』において、ほぼ毎月にわたって短歌を発表している。まず、開南中学校の生徒たちに関連して詠んだ歌からみてみよう。

「中学教師となりて」
お早うと　言葉はかけて　挙手の礼　みじろかぬ生徒に　まごつく我は
（昭和十五年四月二十四日）

「演習見学」

機関銃　火を吐きにつつ　煙むる　真和志《まわし》の原　しきりはためく
（昭和十五年六月十五日）

「奉仕作業」
神前《しんぜん》の　作業をおへて　拝みづく　生徒等と共にし　握飯いただく
（昭和十五年八月二十八日）

「鷹」
体制翼賛　県民大会　あらむ日は　朝空たかく　鷹の舞ふ見ゆ
（昭和十五年十月二十日）

そこに引用した短歌は、各表題のもと複数ある歌の中から、一首を取り上げたものである。そこにみられるのは、勤務先の中学校での学校生活やその日常を通して、全発がとらえた昭和十五年後半の沖縄社会の状況である。まだ緊迫した状況とはいえないが、戦時体制が学校生活の中に確実に押し寄せていることがうかがえる。

それらの全発の短歌には、国家主義や皇民化政策に則した形で詠まれた、明らかな戦争遂行の声はまだ聞こえない。

その後、彼は、短歌の発表を新聞が一紙に統合されたこともあり、当時沖縄で発行されていた民間唯一の文化雑誌『文化沖縄』に投稿している。

「三月六日」

まのあたり　これの樹陰《こかげ》に　畏《かしこ》きろ　仰ぎまつりき　日の大皇子を
生徒らの　先登に立ち　仰ぎまつりし　青年教師の　感よみがへる

（昭和十八年四月号）

「学徒決意」

金ボタン　角帽もまじる　壮丁《そうてい》ら　その逞しき　足の音は揃ふ
海軍　甲飛生《こうひせい》もあり　暇乞《いとまご》ひに　こもごも来る　今日は新嘗祭《にいなめさい》
別れつぐる　態度ぞ　すでに張りきれる　学徒兵らを　すがしと思ふ
教へ子ら　醜《しこ》の御楯《みたて》と　肩並めて　出で征く見つつ　生甲斐を感ず

（昭和十九年一月号）

昭和十九年の開南中学校四、五年生は、その在籍者百十四人のうち、徴兵検査による現地入隊が三十六人、陣地構築や飛行場整備の作業従事に四十一人、残りの三十七人が陸士・海兵の学徒兵として県外に出た（金城和彦『嗚呼沖縄戦の学徒兵』）。「学徒決意」と題された全発のその歌は、学徒兵として県外へ出る三十七人の壮行会の模様を詠んだものである。この昭和十八、九年の歌からは、生徒たちの先頭に立って天皇を仰ぎ、教え子のその出征の姿に生甲斐を感じる、これまで見ることができなかった全発の姿勢が読み取れる。ここには、小声ではあるが、戦争遂行の歌を詠む、島袋全発がいる。

川平朝令

ところで、方言論争の余波を受けて、方言撲滅に反対して下野したのは島袋全発だけではなかった。女子師範学校、第一高等女学校の両校長を務め、国家主義教育の遂行に主導的役割を果たした川平《かびら》朝令《ちょうれい》も、方言撲滅に反対して、一高女校長の退職を余儀なくされた一人であった。仲宗根政善によると、川平朝令は「方言そのものは何も悪くない」と県学務部長に強く意見を述べたため、それが直接の原因となって一高女を辞職させられたという（新崎盛暉《あらさきもりてる》編『沖縄現代史への証言』）。その仲宗根の発言を受けて新崎盛暉が指摘しているように、川平は一方で大麻《たいま》奉戴《ほうたい》（伊勢神宮の神符をいただき奉ること）に熱心で、他方で方言それ自体は悪くないという意見の持ち主であった。その意味で、川平の考えの中に、方言に代表される郷土文化に対する評価と、天皇を信奉して国家主義を遂行することとは、なんら矛盾することなく共存していたのである。それは、当時の沖縄におけるほとんどの知識人や郷土史家たちの中に、多少の濃淡はあったとはいえ、ほぼ共有された考え方だったと指摘できよう。ただ、全発は翼賛会文化委員会に関与していたが、翼賛会役員や翼賛会壮士団には関与しておらず、川平はそれら翼賛会役員の「顧問」として就任していた。

全発が天皇についてふれた文章は、管見の限りでは大学時代に書いた「新沖縄の建設を如何」（大正元年）の中で「明治天皇の仁慈寛厚の聖徳と明治政府」の「新しい制度と新しい教育」によって、「沖縄県が一等国の臣民分限を有する光栄を荷《にな》えり」という文章だけで、大正・昭和の文章には先の短歌を除いてほとんどみあたらない。しかし、戦時下における郷土文化への評価と天皇や国家主義の信奉との共存は、全発も決して例外ではなく、同じく共有していたものと思われる。だが、全発と川平との間には、方言問題で職を追われ、郷土文化や天皇、国家主義に対してほぼ共有する考えを持ちながらも、決して同様ではなかった。たとえば、両者が戦時下に詠んだ短歌には、きわだった大きな違いがみられる。川平は、次のような短歌を詠んでいる。

「一億一心」
すめらぎの　大御心《おおみごころ》を　一億の　心と仰ぐ　心雄々《たけだけ》しきも

「勝抜く心」
このころの　清まはりたる　わが心　苦にも楽にも　たへていさめり

（『文化沖縄』昭和十八年一月号）

この短歌からは、川平の勇ましい戦争遂行の声が聞こえる。一方、全発は前述の「学徒決意」と同じ表題で、海軍甲飛生について次の歌を詠んでいる。

「学徒決意」（海軍甲飛生）

採用通知　参りましたと　並び立てり　秋晴つづく　朝の廊下に
おのもおのも　決意を語る　講堂の　すでにしづけし　下級生にも
大戦果の　噂ひろがる　夕の街の　雨けむる道を　汗ばみいそぐ

（『文化沖縄』昭和十九年一月号）

ここには、教師として教え子たちを学徒兵として見送る全発の眼差しが読み取れる。その全発の眼差しには、疑義や批判的な視点はみられない。しかし、これらの短歌には、表現や修辞という技術的な側面だけでは解釈しえない、彼の自制した声が聞こえる。その声のあげ方や姿勢において、校長退職後に戦争遂行を勇ましく詠んだ川平の歌とは、明らかに異なっている。全発の抑制された歌にみられる、その違いを重く考えたい。全発の戦時下での道すじは、大きくゆれるものだったが、その声は小さく、その姿勢には勇ましいものはなかった。

「わが子」全二郎の死去

島袋全発の戦時下の短歌には、「わが子」に関する歌が数多くある。富名腰年譜によると、全発・かめ夫婦には長女一人で男の子がなく、養子として弟の子である幼少の全二郎を迎えて、実子以上に深い愛情をそそぎ養育した。養子に迎えた全二郎について全発は次の歌を詠んでいる。

めぐし子の　幼きからに　吾が命　ながかれかしと　祈らゆ切に

（『心の花』四三巻四号、昭和十四年四月）

この短歌からも、全発が養子に迎えた全二郎をいかに寵愛していたかがうかがえよう。図書館長退職後の彼の短歌には、その「わが子」と明記された全二郎に関する歌が数多くみられるが、戦時下の全発の言動を考察するうえで、このわが子を詠んだ短歌のもつ意味も、同じく重く考えたい。全発は、退職時に『琉球新報』で、わが子に関連して次の歌を詠んでいる。

「退職」（四月二十四日）

今日こそは　辞表出さめと　決めし朝　常なくわが子を　愛しいと思ふ

「身辺雑抄」（五月二十五日）

疑はず　遊びほうけて　ひねもすなる　童心□　□ましともしぶ

をさな子は　何におびゆる　熱病めば　父よと叫びて　ひたすがるなり

全発にとって、わが子全二郎の存在が、退職時の失意の念をいやしてくれる大きな心の糧であった。全発は、全二郎をことのほか寵愛した。「夏目漫録」（『文化沖縄』昭和十七年九月号）で書いている海水浴の話は、その様子をよく伝えている。この随筆の中で、友達と海に出かけることを母親から禁じられた全二郎のために、夏休みの期間中を監督者として、隣近所の子供たちも一緒に誘って、連日海に連れて行ったことを書いている。この文

図15　対馬丸（那覇市歴史博物館提供）

章から、全二郎を思う全発の微笑ましい親子の情愛が浮かび上がってくる。

しかし、昭和十九年八月、全発が慈しんだ「わが子」全二郎は、学童疎開のため乗船した対馬丸の遭難で死亡した。この悲劇は、彼に大きな衝撃を与えるものだった。

同年七月にサイパンが陥落すると、政府は戦闘が迫った沖縄在住の学童を含む住民・約一〇万人（八万人を九州へ、二万人を台湾）を疎開させる計画を決定し通達した。同月末には、那覇市内の小学校の集団学童疎開が早々と九州に向けて出港している。全二郎が通っていた泊《とまり》国民学校の疎開学童たちも、八月二十二日に対馬丸に乗船して出港した。しかし、対馬丸は、吐《と》噶羅《から》諸島の悪石島《あくせきじま》付近で、米国の潜水艦の爆撃を受け沈没したのである。対馬丸には那覇市民をはじめ県内各地の国民学校の集団疎開学童八百二十六名、引率教師や一般疎開者八百三十五名の合計千六百六十一名が乗船しているが、一瞬にして千四百十四名（氏名判明者）が犠牲となり、生存者はわずか百七十七名であった。救助された疎開学童は五十九名で、犠牲となった疎開学童は七百七十五名を数えており、その中の一人が全二郎であった。

この全二郎の遭難事件による死亡は、全発に大きな衝撃と深い失意の念をもたらした。全発は、この対馬丸遭難により全二郎を失ったことで、精神的にも肉体的にも急に老いを感じさせ、近親者の心を痛めたという（富名腰年譜）。しかし彼は、この悲しみを肉親にも一言半句もらすようなことはなかった。弟の全幸《ぜんこう》によると、戦後すぐに兄・全発の机上のノートをたまたま覗いたら、それに全二郎を切々と思う、胸打つ歌が数多く書かれていた。あらためて全幸は、誰にも語らぬ兄の胸底に、初めてふれたような気持ちがしたという（『九年母』第一巻八号）。戦後に全発は、遭難した全二郎について次の歌を残している。

霧はれて　海鳴の　音しづかなり　悲しきことは　考へざらむ
敗戦の　うめき見せじと　よしゐやし　いじえきわが子は　天に召されし
（『九年母』第一巻八号）

先の歌やこの戦後の短歌からも、わが子全二郎に対する全発の深い愛情と失意の念が読み取れる。このわが子に対する全発の温かい眼差しと、前述した教え子たちを学徒兵として見送る教師全発の眼差しとの間に、どのようなつながりがあるのか。全発が詠んだ学徒兵に対する戦争遂行の歌の中には、わが子全二郎を詠んだ眼差しと共通するおだやかさがあり、ぎりぎりのところで自己を失わない姿勢が読み取れる。

戦場でのスパイ嫌疑

さらに、島袋全発は、沖縄戦末期に沖縄本島北部へ避難疎開したさいに、スパイ嫌疑をかけられ処刑直前で釈放されるという九死に一生を得る体験をした。疎開先で、「英語」が話せるというだけで何の根拠もないまま、何者かに北部で遊撃戦を展開していた護郷隊に通報され、スパイの疑いをかけられたのだ。

全発夫婦にスパイ嫌疑をかけて厳しく詰問したのは、沖縄出身の学徒兵として皇国意識を徹底して植え付けられた少年護郷隊員であった。学徒兵たちは、老夫婦の両手を後ろ手に縛り上げて二人の顔を殴りつけ、強引に自白を強要したが、全発夫婦は白状しなかった。避難先から処刑のために場を移す途中において、全発が少年たちに殺すなら殺してもよいが後で後悔することになるよとつぶやき、ようやく自らの名前を明らかにしたところ、急遽その場で解放されることになった。後で、護郷隊員の少年たちは村落の長老から、郷土史家として知られている全発のこともわからないのかとつよく叱責されたという（『辺野《への》古誌《こ》』、『辺野古誌』については中鉢良護氏にご教示いただいた）。

このように全発夫婦は、沖縄戦において同胞の護郷隊において捕捉され、処刑寸前で免れるという衝撃的な体験をした。沖縄方言論争の際、沖縄県の行き過ぎた標準語励行運動の中で沖縄語の価値を擁護した全発が、沖縄戦の戦場で「沖縄語」を話したという理由ではなく、ただ「英語」が読めるという理由だけで、生死を分けるような絶体絶命の危機に遭遇したのである。近代沖縄史の総決算として位置付けられる沖縄戦の惨劇において、衝撃的な体験と悲劇を経験した全発の心情は、どのようなものであったのか。この二つの戦争体験は、全発の戦後の生き方に決定的な影響を与えるものだった。避難先で九死に一生を得て生き残った全発は、戦後（一九四八年）にこれまでの我が身を振り返って次のような短歌を詠んでいる。

　六十路《むそじ》こえて　白髪かき垂れ　なほしかも　悔しみしげし　身の愚かさに

戦後の全発は、沖縄戦の惨劇を体験した教訓から、自らの「身の愚かさ」を悔やみ、嘆く日々が続いた。戦後の彼の生き方は、沖縄戦での惨劇をふまえた、その反省に基づく活動が中心となっている。

戦後を生きる全発

沖縄民政府時代

沖縄戦の終り

島袋全発は、沖縄戦の終りを、米軍の捕虜となって本島北部の金武《きん》村中川の銀原《ぎんばる》収容キャンプでむかえた。

昭和二十年四月中旬になると、沖縄本島北部では山中に避難していた避難民が米軍の呼びかけで捕虜となり山を下りはじめた。捕虜となった住民たちは、米軍によって石川地区と漢那《かんな》地区に集結移動させられ、その中間地にある中川地区には約二万の避難民が集まった。それにより、中川地区では食糧や衛生などの生活状況が急速に悪化する環境になった。しかし、父母たちが子供たちのためにと協力し、短期間で二百人程度収容できる校舎を完成させ、七月七日には中川小学校が開校している（『金武町史』）。

全発は、敗戦後の銀原収容キャンプにおいて、中川小学校の当山真志《とうやままし》校長に乞われて教頭として務めることになった。全発の戦後の活動は、このキャンプ地の捕虜収容所の中川小学校の教頭から始まった。

米軍政府は、一九四五年（昭和二十）八月十五日、沖縄本島の住民代表で構成する諮問機関、「沖縄諮詢《しじゅん》会」を設置するため第一回の仮諮詢会を開催した。この仮諮詢会は、全島の三十九ヵ所の捕虜収容キャンプから、住民代表として百二十八人が招集され、石川地区で開催された。全発は、金武村中川地区の銀原収容キャンプから住民代表の一人として、第一回仮諮詢会に出席している。八月十五日に開催されたこの仮諮詢会の会場で、期せずして天皇が日本国民に無条件降伏による戦争終結を告げた玉音放送の内容が伝えられた。全発は、そのニュースをどのような思いで聞いたのであろうか。

全発は、わが子全二郎の対馬丸遭難死や日本軍からのスパイ嫌疑による迫害という沖縄戦の悲劇を身をもって体験した。しかし、戦後沖縄の混乱した状況の中で、周りの友人たちは、彼に事態を静観する余裕を与えなかった。彼は、その沖縄戦の惨苦に放心自失する時間も与えられることなく、沖縄の復興のため公的な活動に積極的に従事するよう余儀なくされる。敗戦直後は、ガリ版刷り教科書の編集に携わったり、沖縄歴史研究会を組織し、当初は教育や歴史研究などの領域で尽力した。

一九四六年（昭和二十一）四月二十日、志喜屋孝信《しきやこうしん》を知事とする「沖縄民政府」が発足した。そしてその二日後の二十二日に設置された知事官房に、志喜屋知事の任命により全発は官房長として就任している（『沖縄民政府要覧』一九四六年）。諮詢会委員が、ほぼそのままで民政府の部長を構成した中において、正規の諮詢会委員ではなかった彼が官房長に任命されたことは、戦前期の開南中学校の同僚とはいえ、いかに志喜屋から全発が信望を得ていたかがうかがえる。沖縄民政府の中で、官房長である全発が、総務部長の又吉康和とともに、志喜屋知事を補佐し支えていたことについては、当時職員であった嘉陽安春《かようやすはる》の著書『沖縄民政府』に詳しい。

また全発が、知事直属の組織の長として行政事務で大きな役割を担っていたことは、「沖縄民政府会議録」（『沖縄県史料』戦後編）で確認することができる。たとえば、四七年十一月十四日の定例の部長会議で討議された民政府の機構改革や知事公選の問題について、全発は軍政府との板ばさみで苦悩している志喜屋知事を擁護し、理想として知事公選論を説く考え方に対して次のように述べている。

「沖縄と日本では、非常な違ひがある。日本は主権を有するが沖縄にはない」と。

この全発の発言は、沖縄の復興を米軍占領下という厳しい状況の中で、現実的に一歩ずつ慎重に推進せざるを得なかった当時の全発の苦悩と考え方を端的に表している。

島袋全発のみならず沖縄民政府首脳にとって、敗戦後の米軍占領下の状況下で、沖縄をいかに復興させていくかが、大きな課題であった。その際、志喜屋知事を中心に郷土復興の倣《なら》うべき模範として、琉球史の「第二の黄金時代」と称された尚敬王《しょうけいおう》と宰相・蔡温《さいおん》の時代に学ぶべきだとする考えが説かれた。

郷土復興に関する東恩納寛惇との論争

そのような認識を背景にして、一九五〇年（昭和二十五）九月に蔡温の『独物語』が、山田有功《やまだゆうこう》の口語訳によって、琉球文化研究会から発刊されることになり、全発はこの書に「蔡温小伝」を寄稿し、蔡温の偉業を高く賞讃している。と同時に、彼は、近世琉球で安定した治世を築いた尚敬・蔡温時代とともに、その前段の薩摩侵攻後の困難な時期において、復興の基盤を形成した尚貞王《しょうていおう》と国相・向象賢《しょうじょうけん》（羽地《はねじ》朝秀）の時代も高く評価すべきだと考えた。それについて、「羽地朝秀とその時代」（『琉球新報』一九五二年七月二十五日）の中で、全発は次のように述べている。

蔡温の偉業をたたえ慕うのあまり、いわゆる第二の黄金時代たる尚敬王時代を讃美する人は多いが、その前時代の苦心惨憺《くしんさんたん》とも云うべき基礎工事を成し遂げた尚貞王の時代を語る人の少なかったのは遺憾である。その尚貞王時代の社会の興隆も亦《また》一朝一夕に実現したものではなくして慶長敗戦後の産業改革がなければならなかった。

されば少なくとも尚敬王時代を讃美する人達は、是非尚貞王時代までさかのぼって考察する義務がある。

このように、敗戦後の米軍占領下で沖縄の復興と発展を考えるとき、近世琉球の安定した治世を築いた蔡温時代よりも、その前の薩摩侵攻後の困難な時期に復興の基盤を形成した向象賢の業績やその思想が、全発の関心の対象であった。そして、その向象賢の思想に対する解釈において、当時、全発と東恩納寛惇《ひがしおんなかんじゅん》との間で二、三のやり取りが交わされた。この両者のやり取りには、向象賢の見方の違いという点だけでなく、その背景にある米軍占領下の初期段階での、沖縄の進路をどう考えるかという論点の違いも含まれている。その両者のやり取りは、田里修《たさとおさむ》が指摘するように、戦後初期沖縄の歴史と思想史を考察するうえでも興味深い論点を内包している（「『羽地仕置』に関する一考察」）。以下、その両者のやり取りについてふれてみたい。

東恩納寛惇は、五一年（昭和二十六）九月に沖縄群島政府文教部から日本教育視察団として派遣された郷土沖縄の教育関係者の前で、「新教育の目標」（『東恩納寛惇全集』第十巻）という講演を行っている。この講演で東恩納は、教育者の「信念」の重要性を説きながら、現在の米軍占領下での郷土の惨状と比較する事例として、薩摩侵攻後の時期をあげ、向象賢の政治について次のような主旨を述べた。

向象賢の日琉同祖論は、決して政策上での打算や時代に迎合する意図から出たものではなくて、深い信念から書かれたものだ。沖縄のルネッサンスであった向象賢の仕事は、勝利者たる大和を再認識することから始まったが、現在の沖縄の復興の行き方が勝利者たるアメリカを再認識し、それに迎合するだけで能事畢《おわ》るべきかと言うならば、断じて否と答えざるを得ない。吾々は真理に帰るのであって、アメリカに帰るのではない。

この講演は、東京に居住する東恩納寛惇が、戦後初めて向象賢の見方や米軍占領下の沖縄の進路のあり方について、まとまった形で述べたものとして注目される。さらに、東恩納が、沖縄の米軍占領下の時期に、向象賢について論じた文章の中で、先の講演の論点をより明確に主張し著したのが『校注羽地仕置』である。とりわけ、「昭和二十七年十一月二十日　向象賢先生二百七十七周忌」と明記された、この本の「序」の次の箇所は東恩納の考えを端的に示している。長い文章ではあるが、いとわず引用してみよう。

……ここに考へ度《た》い事は、彼れが、現実にあつて心にもなき迎合を事としたのではは断じてなく、本土の源流に復帰する事が真実の在方であるとする深い堅い信念を有《も》ち、この信念を貫くためには、身命をさへ抛出《なげだ》す覚悟を有してゐた事である。

向象賢は、国家の面目を保つ為には、一身元より惜しむ処にあらずとしてゐたが、我等の郷里の現状が、慶長終戦直後のそれと酷似してゐる事に想到した時に、仮令《たとえ》時勢がちがつて、忠孝もなく、恭倹《きようけん》もなく、なまじい民主の名の下に、目前の生活のみが、唯一の目標となつて来たとは云ひ条、成敗を未然に惧《おそ》れて現実の勢力に迎合するを以て能事とし、民族の面目、真実の帰趨《きすう》を顧みないやうな事は、我が向象賢の為さざる所であつたらう事を痛感する。

向象賢は英雄でも豪傑でもない。一片の私心なき熱血良識の指導者であつたに過ぎない……今や終戦後七年、不幸にして一向象賢の出づるなく、我等の郷国が、解体のままに曝《さら》されてゐるのを愧《は》ぢ、即ち彼れを地下に喚び起こして警世《けいせい》の木鐸《ぼくたく》を叩かしめんとし、仕置を通じてその精神に触れんとする所以《ゆえん》である。

東恩納は、この本を、対日講和条約の発効により日本国家の独立と沖縄の米軍占領の長期化が決定された状況下に、東京で発刊した。その際、東恩納には向象賢の「羽地仕置」を校注解題することによって、米軍占領下の郷土沖縄の思想状況を質《ただ》す意味があったことは間違いない。東恩納のその問題意識は、田里修によると「仕置」の解題にも影響しておリ、その解釈は「一九五二年当時の沖縄を取りまく社会情勢の中の『発言』になってしまっている」(前掲論文)という。また、その東恩納の問題意識は、「沖縄文化史上に於ける向象賢先生の位置」(『琉球新報』一九五三年三月十四日)でも繰り返し述べられており、今日の沖縄の思想界が「第三国の大きな勢力」の「脅威と誘惑」によって、「一層深刻な混濁」の状況に及んでいると批判的に論及している。

一方、全発は、その四日後の『琉球新報』で、東恩納の著書『校注羽地仕置』について書評を書いている。彼は、その本の発刊を喜びつつも、東恩納の認識に対して、次のような批判を行った。全発は言う。

著者は向象賢先生二百七十七周忌に「後学東恩納寛惇敬白」として自序を書いたのでも察せられる通りに、研究家の範疇は脱して崇敬家の態度を持していられ、またその序文によって一種憂国慨世《ゆうこくがいせい》の気魄《きはく》をもって、執筆せられたことがわかるが、残念ながら、その現在の郷土観はいささか的をはずれたものがあり、また向象賢の見方についてもいま少しく批判的な態度をとって頂いたらと思うのである。

今日の向象賢の「羽地仕置」研究からしても、その「島袋の東恩納への批判は的を得たもの」（田里修）と指摘されている。この批判は、当時の全発の考えを知るうえでも大変興味深い。全発は、先の東恩納の『校注羽地仕置』について論評した文章（『琉球新報』一九五三年三月十八日）の後半部で、この本の意義を述べながらも、次のような指摘を行った。

……ただそういうエライ人々の考えたり、なしたりしたことを「直ちに」今日の時代にあてはめようとしたり、あてはめさせようとしたりすることが無理なだけである。

むしろそういうエライ人々が今日存在していたら、どういう考え方をし、どういう事をしたであろうかを研究することは大切なことである。

全発は、この文章に「郷土を憂えた尊い先人の精神」という意味深長な副題を付けている。とりわけ、その引用箇所は、向象賢のとらえ方における全発と東恩納との視点の違いを如実に表している。同時に、当時の彼の関心が、どこにあったのかを明白に示している。全発は、米軍占領下で、沖縄民政府の首脳の一人として実際に苦悩しながら、沖縄の復興と発展に尽力していた。したがって、その彼にとって、向象賢の偉業をたんに今日の沖縄に「あてはめようとしたり、あてはめさせようとしたりすること」には関心がなかった。むしろ、当時の全発にとって、重大な関心事は、向象賢が「今日存在していたら、どういう考え方をし、どういう事をしたであろうか」という点にあった。その意味でこの箇所は、東恩納の向象賢をとらえる視点のあり方に対する、全発の批判だといえる。

また、東恩納はその『校注羽地仕置』の序文において、郷土沖縄の現状認識や指導者に対する批判を行っている。たとえば、沖縄の現状について「成敗を未然に惧れて現実の勢力に迎合するを以て能事とし、民族の面目、真実の帰趨を顧みない」と指摘し、また指導者について「一片の私心なき熱血良識の指導者であった」向象賢が、「今や終戦後七年、不幸にして一向象賢の出づるなく」と批判している。そのような東恩納の批判は、占領下で沖縄の復興や発展に実際に尽力していた全発にとって、決して見過ごすことのできない批判であった。そして、その両者のやり取りは、米軍占領下における沖縄の進路について、さらに具体的に論議されるようになる。

東恩納は『島袋全発著作集』の「序にかえて」（一九五六年五月）で、全発が主張する論点を引用して次のような疑義を呈した。全発は「島々の帰属」という文章で、かつて向象賢や蔡温が唐や大和との三角関係をスムーズに運転して沖縄の孤島苦を救解した事例を指摘し、そして今回の戦争による空前最大の孤島苦が、米国の寛大な政策により、漸《よう》く虚脱状態から立ちあがるに至ったことを述べ、帰属問題を論ずる際に「慎重な態度」に出るべきだと警告した。それに対し東恩納は、それは往時の孤島苦の救解の問題であって、明治維新以来それは完全に是正され、沖縄は日本国家や日本民族の意識をもつことによって再出発したのであり、したがって今回の孤島苦から脱出する手段として、現勢に順応すべしとする意見に同意できない。民族意識を捨てて、異国の袖にすがろうとするのは自ら孤児として家出するのに等しい、と批判した。

ここには、両者の立場の違いによる視点の異同が読み取れる。東京で発言する東恩納に対して、沖縄にいて実際に沖縄の復興に身をもって奮闘していた全発にとって、信念からの性急な結論よりも、熟慮に熟慮を重ねた慎重な態度が望まれた。

ところで、東恩納寛惇は先にふれた『島袋全発著作集』の「序にかえて」の最初と最後の方で、次のように述べている。

是等《これら》の（全発の—引用者）述作は……終戦後……言論が宣撫《せんぶ》工作の枠内に、はめ込まれていた頃の執筆に係るものである。従って、それ等を読んでいると、書いたものではなく書かされたもので、書いている間に、本人自身もいつのまにかそんな気になったものではないかと考えさせられる事が多い。

……これを書く前に私は遺稿の全部を読みなおした。けれども、その中には論旨が全発君の真の心持を伝えてはいないものもあるような気がして仕方がない。彼れは表面上復帰運動に警告を与えるような態度を取っていたが、それは彼れの心底からの声ではなかったような気がして仕方ない。

果たして、全発が戦後に書いた文章は東恩納が言うように、米軍占領下という時代状況によって「書いたものではなく書かされたもの」なのだろうか。また、全発が「復帰運動に警告を与えるような態度を取っていた」のは、「心底からの声ではなかった」のであろうか。この東恩納の指摘は、小島瓔禮《れいほう》も述べているように（『東恩納寛惇全集』第九巻解題）、全発の心情に立ち入ることがなく、戦後沖縄の指導者の苦悩に思い至るところがない発言のように私には思われる。

東恩納と全発との交際は相当ながく、大変親しい仲であった。しかし、直接に会う機会は、東恩納がたまに帰省した時ぐらいで、頻繁に会うということはなかった。東恩納によると、全発は人の喜びを喜び得る「愛想人」ではあったが、人の悲しみを悲しみ得る「人情人」ではなかったという（『九年母』）。それからすると、親しい間柄であったとしても、お互いがお互いの苦悩に思い至るような間柄ではなかったのではなかろうか。

戦後沖縄の指導者の一人として米軍占領下の圧政の中で、沖縄民政府の役人として身をもって苦悩した全発にとって、対日講和条約発効後の沖縄の帰属問題は、「熟々《つらつら》と過去の島ちゃびの歴史を味わって慎重な態度」をもって処すべき課題であった。したがって、私は全発が書いた戦後の文章は、東恩納の言うように書かされたものではなく、慎重な配慮をもって書いたものといえるように思う。東恩納と論議の対象になった向象賢その人は、今日の研究によると「周到な戦術家」（高良倉吉）として指摘されている。全発は、その向象賢を、東恩納の言う「深い堅い信念」の人として認識するとともに、その「周到な戦術家」として理解していたのではなかろうか。占領下における沖縄の指導者の一人として、全発はその周到な戦術家である向象賢の思想から学びながら、慎重な態度をもって沖縄の復興の発展に向けて全力を尽くした。

戦後の活動

遺族援護への尽力

その後、島袋全発は、沖縄民政府において官房長から機構改革により商工部長になるが、一九五〇年（昭和二十五）十一月に「沖縄群島政府」の発足を機に官職を退官する。退官後は、那覇市誌編集事務嘱託や『琉球新報』の編集局長兼主筆ならびに「琉球歌壇」の撰者、さらに琉球大学の講師を勤めた。とりわけ、全発の戦後における活動の特徴は、全琉遺家族会初代会長、琉球文化研究会会長、琉球文化財保護会長の就任に象徴される。

五二年二月十日、遺族五百余名が参加して「琉球遺家族会」（同年十一月に「琉球遺族連合会」に改名）が結成され、島袋全発が初代会長に就任した。同会で、日本政府に対し「琉球の遺家族にも援護法を適用されたし」と、琉球政府に対し「遺家族援護措置を講ぜられたし」という二つの陳情文案を可決している。同年五月二十七日、全発は琉球遺家族会会長として、第十三回国会厚生委員会（第三四号）に対し、「琉球の遺家族援護に関する陳情書」（第二〇四二号）を提出し、遺族援護のために力を注いだ。さらに、同年五月に日本政府主催全国戦没者追悼式に、琉球政府代表として全発を含む三名が正式招待され出席し、帰郷後に遺家族会の会合で追悼式参列の報告を行った。その後、翌年三月には全発が会長時代に、沖縄でも戦傷病者、戦没者遺族等援護法が適用され、同年九月には琉球遺族連合会が日本遺族会への加盟を承認されている（沖縄県遺族連合会『還らぬ人とともに』）。

図16　島袋全発夫妻（『島袋全発著作集』おきなわ社，1956年）

文化財保護活動　一方、全発は琉球の文化財保護のためにさまざまな局面で積極的に関与し尽力している。彼は一九四九年（昭和二十四）十月に発足した沖縄史蹟保存会の常任委員に就任し（後に、同会は拡大して琉球文化財保護会と改名し、全発はその会長に就任する）、その頃道

図17　浦添ようどれ（第一尚王統の墓地）前の全発（『終戦後の沖縄文化行政史』月刊沖縄社，1997年）

路工事で解体寸前にあった崇元寺《そうげんじ》の石門の重要性を説き、新聞社社長の豊平《とよひら》良顕《りょうけん》とともに保護し復元工事を推進させた。全発は、崇元寺の石門を、海に開かれた沖縄の意識を表す非常にスケールの大きな作品だと評価して（真久田巧『戦後沖縄の新聞人』）、文化財保護にも尽力を傾注した。

さらに、五〇年には琉球文化研究会会長に就任し、戦後はじめて浦添《うらそえ》城址にある「ようどれ」調査を実施して、その墓陵の前庭で「浦添文化とようどれ」という講話を行い、当時開設間もないラジオで実況録音され、特別番組として全琉で報道された（川平《かびら》朝申《ちょうしん》『終戦後の沖縄文化行政史』）。

それらの事実が示すように、遺族会や文化財保護に関する全発の戦後の活動には、戦争の惨禍を体験したことによる「平和」への強い願いと、「郷土文化」に対する深い愛着が底流にあって一貫として流れている。

全発は琉球の歴史文化を「島ちゃび」（孤島苦）のそれととらえ、その暗い面とともに明るい面を忘れてはならない、として次のように指摘している。

それは即ち独特の文化の発揮であった。島なるが故に海上の活動をなし、支那朝鮮日本から南洋にかけて主として貿易に従事し「楫《しゅうしゅう》舟を以て万国の津梁《しんりょう》」となす間に各方面の文化を摂取移植し、更にこれを抱合同化して琉球文化を産み出したこと、更にこれら各方面の文化の仲介者として東洋各地に交流せしめたことはわれらが祖先の立派な功績であった。われらはこれを忘れてはならない。

沖縄近現代史とは何か――エピローグ

パトリオティズムの思想

これまで、沖縄近現代の歴史を島袋全発《しまぶくろぜんぱつ》の生涯を論じながら考えてきたが、ここであらためて現代的な課題でもある、「近代」「ナショナリズム」「民族」「植民地主義」「東アジア」などの問題に関わらせて考察してみたい。

近代日本国家と沖縄との関係のなかで、一貫して沖縄の位置から論じてきた全発の意識には、被植民者の立場に見られる「二重意識」の存在が指摘できる。それは、日本帝国臣民でありながら、同時に近代日本国家の中で抑圧された沖縄人でもあるという、両義的位置からもたらされた二重意識といえるものだ。

たとえば、沖縄にとって、近代日本国家との関係の歴史はたえず両義的意味をもっていた。それは、「解放」としての近代と、「抑圧」としての近代とでも称すべき両義性である。いわば、それは「植民地近代」のあらわれだといえよう。

全発の議論に則していうと、「断髪」の強制は頑固党の第一世代からすると風俗に表象されたエスニック・アイデンティティに対する「抑圧」でしかなかったが、第二世代の全発からすると琉球の近代化・文明化のための一つの通過儀礼としての「解放」として受け止められた。また、近代日本国家による沖縄の統治政策が、一方で沖縄に近代化や文明化としての「解放」をもたらした側面もあったが、他方で沖縄の歴史や文化に対して差別的偏見に基づく「抑圧」の歴史でもあり、その両義性を全発は強く意識していた。そのような近代日本国家との関係から形成された近代沖縄史における両義性を生きた中で、全発の「二重意識」は形づくられたのであった。

その二重意識については、同じく近代日本の被植民地となった東アジアの国々に対する全発の認識においても指摘できる。その背景には、かつて近代日本国家の植民地で「南国」「南人」に位置する琉球の立場からという、全発の認識が存在した。東アジアの被植民地地域に対する全発の議論は、植民者である帝国日本の位置からの発言としてあったが、同時に自らがかつて被植民地であった「南国」「南人」に位置する琉球の立場を手放すことなく、その視線からの認識であるため、同じ「南国」「南人」に位置した被植民者に対する共感や温かな眼差しが消えることはなかった。

さらに、その二重意識については、「ネーション」や「ナショナリズム」に対する考え方にもみられる。周知のように、ネーションは国家や国民という意味をもつが、全発にとって、国家・国民よりもむしろ「民族」という概念への関心が一段と強かった。本文で言及したように、前の世代である太田朝敷や伊波普猷がネーションとしての帝国日本の国家や国民に対して過大な期待を寄せていたのとは異なって、第二世代の全発の関心は同じネーションであっても国家・国民ではなく、「民族」に対する関心が中心を占めていた。彼にとって、「ナショナリズム」としての日本国家や日本国民意識への関心よりも、それを相対化するネーションとしての「琉球民族意識」への関心のほうがより一層強かったのである。

それはたとえば、ジョージ・オーウェルのいう「愛国心としてのナショナリズム」とは異なった、「愛郷心としてのパトリオティズム」に対する強い眼差しを想起させる。オーウェルによると、両者は時に重なりあう場合もあるが、決して同じものではなく異った概念だと把握される。両者におけるその「差異」への着目こそが重要である。すなわち全発の中では、パトリオティズムとしての琉球民族意識に対する関心が中心にあり、ナショナリズムとしての近代日本国家や国民意識に対する関心はほとんど乏しかったのだ。たしかに本文でもふれたように、彼の琉球民族意識への関心は時代によって変容していった。しかし、彼のなかで琉球民族意識への関心が、日本国家・国民意識よりも高かったことは終始一貫していたように思われる。

さらに、全発の中には、大正デモクラシーの影響を受けた、国家の権力や権威を批判し大学自治を主張した大学自治論にみられるように、国家を自治や地域から相対化する視点がみられる。そこにも、ナショナル・アイデンティティを志向せず、それを相対化する視線が存在する。その背景には、前述したように帝国日本臣民としてのナショナル・アイデンティティへの意識ではなく、沖縄という土地に根ざした愛郷心としての琉球民族意識というパトリオティズムとしてのアイデンティティの存在があったからだ。そのアイデンティティの主張は、いわばナショナル・アイデンティティを志向しない、地域に根ざす歴史認識に基づいたアイデンティティの主張であるといえよう。

ここでも、全発の認識の中にナショナリズムとパトリオティズムという国家や国民、民族を考えるときの「二重意識」の存在が指摘できよう。そして重要なことは、両者が実体的で本質的なものとしてではなく、関係性の中で考えられている点である。そのパトリオティズムの主張は、土地や血縁という実体や本質に根ざしたものではなく、近代日本国家のナショナリズムとの関係において主張されたものである。すなわち、「琉球民族意識」

という主観的要因に根ざした全発のパトリオティズムの主張は、琉球や沖縄という実体や本質に依拠した主張ではなく、近代日本のナショナリズムとの関係から学び直して主張されたものだ。その背景には、近代日本国家に対する沖縄の歴史認識が存在する。

パトリオティズムとは、ここでは、国家を支える地域や共同体という空間認識としてではなく、歴史認識を体現した概念としてとらえている。前述したナショナリズムとパトリオティズムの両者が時に重なりあう場合もあるが決して同じではないというときの、それを区分けするもっとも重要な要因は歴史認識である。沖縄のパトリオティズムに根ざした全発の歴史認識と、近代日本国家のナショナリズムにおける東アジアの植民地認識や沖縄戦に対する認識とは大きく異なるものである。

ところで、近代沖縄の歴史の中で、歴史の表層に表れた思想的潮流を考えてみると、その中心にあるのは近代日本国家への同化の思想であった。しかし、近代沖縄史の中にはその同化の思想という潮流を批判し相対化する主張として、少なくとも三つのアイデンティティの主張のあり方が指摘できるように思う。

一つは、沖縄から異郷の地へ移り、その異郷の地で故郷を再想像／創造し、独自のネットワークを構築していくあり方である。それは、沖縄から上京して東京の地で生きた伊波普猷や比嘉《ひが》春潮《しゅんちょう》の生活の営みにみられる。

二つめは、沖縄から海外へ移民し、故郷を離散したディアスポラの視点から移住した地域に根ざし、日本国家を相対化する思想である。それは、ハワイに移住してその地に根づいた比嘉静観《ひがせいかん》（賀秀）の生き方にみられる。

三つめは、故郷である地域に根ざし直すという視点である。沖縄に生まれ育ちながら、一端沖縄を離れて、再び沖縄の地に戻り、地域に根ざし直し「再定住」するあり方である。それは、本書で論じた島袋全発のパトリオティズムの主張にみられる。

いずれの思想も、近代日本国家へ同化する思想を批判し相対化して、沖縄の多様なアイデンティティを主張するあり方であり、今後その系統的な分析が広く求められることになろう。

さて、前述したように全発が感じる二重意識は、全発個人の意識というより、近代日本国家と沖縄との関係から生じる沖縄人の意識だった。その意味で、全発の主張を含むそれら三つの沖縄のアイデンティティの主張にも、同様にその「二重意識」の問題が内包されている。なぜなら、その二重意識は、近代日本国家と沖縄との植民地主義の関係がもたらしたものであり、被植民者が内包せざるをえない視点であるといえるからだ。さらに、全発の近代沖縄への眼差しを考えることは、近代日本国家と沖縄との関係だけでなく、近代日本国家と東アジアとの植民地主義の関係がもたらした、被植民地の位置にある人々の二重意識を考えることへとつながっている。

沖縄近現代史を生きること

終りに冒頭で問いかけた問いについて、あらためて考えてみることにしたい。生まれ育った自らの沖縄文化や歴史、民族（民俗）文化を論じた、いわゆる沖縄の知識人としての郷土史家たちは、沖縄の地でどのように考えながら、生を全うしたのであろうか。その問いは、たとえば全発に即して言うと、次のような問いに言い換えることができよう。島袋全発にとって、沖縄近現代の歴史とはいったい何だったのだろうか。

これまで記したように、全発は、明治大正期、昭和戦前期、沖縄戦、戦後という時代を、少なからずの揺れや迷いをもちながらも、誠実に生き抜いた。全発が生涯をかけて生きた生活の軌跡にはいくつかの紆余曲折はあったとしても、それがかけがえのない人生であったことは疑いない。彼の生涯を一通り叙述したいま、私はそのような思いをつよく感じている。それを踏まえながら、沖縄近現代史は、彼の人生にとってどのような意味をもったのかについて、沖縄に生きる後の世代の一人としてあらためて問いかけてみたい。

前述したように沖縄近現代史は、全発にとって、両義的な意味をもった。沖縄近現代史は一方で、文明化、日本化の名のもとで、頑迷固陋《がんめいころう》と称された沖縄の伝統的文化や歴史の桎梏《しっこく》からの解放をうながす「解放」としての近代化の歴史であったと同時に、他方では、強圧的な同化主義の政策によって、沖縄の歴史文化を否定する「抑圧」としての近代化の歴史でもあった。

そして、その沖縄近現代史における「解放」と「抑圧」としての近代化の歴史を集約した総決算が、その暴力としての近代史の帰結である沖縄戦の惨劇であった。

全発は前述したように、第一次世界大戦の惨状を目のあたりにして、さらに将来に予想される戦争について次のように述べていた。

吾々が生まれてから半世紀もたたない間に、これ丈《だけ》戦争の方法と規模とに於て変遷するならば、将来若《も》しありとすれば戦争の悲惨はどれ丈け増加するであらうか。実に慄然として身の毛のよだつのを覚えるのである。何故に同じ地球上に存在する人間同志が、戦争し合ひ殺し合ふのであらうか。

実際、その発言の三十年後の全発の身の上に、「実に慄然として身の毛のよだつのを覚える」沖縄戦の悲惨が降りかかったことはすでに言及したとおりである。これまで、沖縄戦の認識に対してさまざまな解釈がある中で、沖縄戦の惨劇は沖縄近代史の総決算であるとの解釈が提起されて久しい。つまり、沖縄戦の惨劇は、近代沖縄の歴史のなかで沖縄の歴史文化が否定され、国民統合として強制されてきた同化主義、皇民化政策の帰結としてある、という認識である。

全発は、沖縄戦でわが子全二郎の対馬丸での遭難死、戦場でのスパイ嫌疑による九死に一生を得る体験をし、沖縄近代史の総決算において、その帰結として否定されるべき沖縄戦の惨劇を、身をもって体験した。その沖縄戦の悲惨は、彼にとって決定的な意味をもった。それは、彼にかぎらず沖縄戦の体験者にとって、沖縄戦の悲劇へと至った沖縄近代の歴史は否定されるべき歴史としてあり、いまなおつねに内省せざるをえない歴史として存在する。

しかし、にもかかわらず、全発を含めて沖縄の人々はそのような否定されるべき沖縄近代の歴史のなかで自らの生を懸命に生きざるをえなかったし、実際に懸命に生きてきた。言うまでもなく、近代沖縄の地で生を全うしようと生きてきた歴史は決して否定されるべきものではない。そのような認識の中で、彼は、沖縄近代や沖縄戦を生きた生の軌跡を反省しながら、戦後において、その沖縄近代史から続く現代史（歴史的現在）の中で、目の前の現実を誠実に生き続けることで生を生き直したのである。彼は、沖縄近代史の帰結としての沖縄戦の悲劇を反省しながら、戦後の日々を生きざるをえない自らの心情について、次のような短歌を詠んでいた。

六十路《むそじ》こえて　白髪かき垂れ　なほしかも　悔しみしげし　身の愚かさに

この短歌は、沖縄戦の惨劇を体験しながら、それでも戦後の日々を生きざるをえなかった全発の苦悩する心情を如実に表している。全発の戦後の生活は、戦前の否定されるべき沖縄近代史の歴史的結末である沖縄戦の惨劇を反省しながら、それを教訓として新たな日々を生き直す軌跡であったことを銘記しておきたい。その意味を、私はくり返し学びなおしながら考えつづけたいと思っている。

沖縄の郷土史家として生きた島袋全発の思想は、近代沖縄における少なくとも沖縄の生活に根ざした常識的でおだやかな中庸の思想のもつ重要性について、そして戦後にはその近代沖縄史の歴史的帰結である沖縄戦の惨劇を反省しながら、その生を生き直すあり方において、私たちに多くの示唆を投げかけている。

あとがき

以前、沖縄から集団疎開した学童たちに関する資料調査のため、大分県立図書館を訪れたことがある。そのさい、その郷土資料室で大分県教育会発行の『大分県教育』が明治期から昭和戦前期まで全号揃っているのを拝見し、さらにそのコピー版が容易に閲覧できる整備された資料環境に驚いたことがあった。なぜなら、沖縄では、近代以前の史資料はもとより、教育会機関誌である『沖縄教育』のような近代の一般的な雑誌資料さえも、全号揃って閲覧できるような環境にまったくなかったからである。

地上戦となった沖縄戦では、人々の命だけでなく、文化財や史資料などもことごとく破壊され散逸した。島袋全発《ぜんぱつ》が三代目の館長として就任し、乏しい財政の中で琉球・沖縄に関する多くの古い史資料を収集し保管していることで県内外に知られていた沖縄県立図書館も、むろん例外ではなかった。県立図書館は、沖縄戦が間近に迫ってきた状況に対応し、貴重な史資料を保全するため事前に沖縄本島北部に疎開避難させたが、それらの史資料も砲弾などで焼却、散逸したことは広く知られている。

沖縄においては、近代以前の古文書や史料だけでなく、近代の一次史料の保存蓄積が他府県に比べて質量とも絶対的かつ相対的にも乏しい状況にある。たとえば、「復帰」前後から発刊された『沖縄県史』に収録されている公文書などの近代の一次史料は、国会図書館をはじめとする日本本土の関係諸機関に収蔵されていた史資料をコピー収集して、編集刊行したものである。そのため、沖縄県史や市町村史では全般的に乏しい一次資料を補うためさまざまな工夫がなされている。その中でも、とくに「新聞集成編」の刊行に見られるように、二次資料である新聞資料は重要な意義を占めている。その新聞資料も、大正期後半から昭和戦前期の時期が欠落していて、すべての時期を網羅しているわけではないが、それでも当時の沖縄社会の状況を知るうえで貴重な情報源を提供している。

さらに、戦前期においては沖縄研究の発表媒体が限られていたこともあって、地元新聞が沖縄研究の発表の場として果たした役割は、きわめて大きいものがあった。伊波普猷《いはふゆう》や島袋全発に限らず、戦前期における沖縄研究者の大多数の主要な論考は地元新聞紙上でほとんど発表されていると言ってよい。本文で言及したように、明治後期から大正期にかけて全発が発表した文章の多くは、地元新聞紙に掲載されたものである。しかも、当時の首里閥族を中心とする旧士族層の言論を代表した『琉球新報』ではなく、那覇や地方郡部の主張を背景に新思潮を展開した『沖縄毎日新聞』で発表されているのが大部分である。その事実からも、全発が同社の記者であった「新人」世代を代表する伊波月城《げつじょう》や山城翠香《やましろすいこう》らとともに、沖縄における新思潮の代表的な論客として、その一翼を担っていたことがわかる。それらの事実も含めて、全発の書いた論考を調べるなかで、いかに地元新聞が沖縄研究の発表媒体として大きな役割を果たしていたかがあらためて浮かび上がってきた。

鹿野政直によると、沖縄学は、そもそも国家学やアカデミズムを相対化する「民間学」として生成した。自らの郷土である沖縄という自己を認識する学として生成した沖縄学のなかには、民間学として沖縄社会の現実に応答する問題意識が初発から内包されていたといえよう。その表れの一端としてあるのが、前述したように郷土史家が沖縄研究の成果を地元新聞紙上で発表し、新聞社もその成果を積極的に地元に還元する役割を果たすという相互関係であった。その関係性は、民間学としての沖縄学の発表媒体を考えるうえでも大変興味深い事実を示している。その意味で、表題の『〈近代沖縄〉の知識人』というときの「知識人」は、国家学のアカデミズムに籠居する知識人としてではなく、地域社会に接点をもった「民間学の知識人」であることを了解いただきたい。

ところで、島袋全発は、郷土史家として沖縄の知識人の一人であるが、近代沖縄に生きたごく一般的な沖縄人の一人でもあった。それを踏まえた上で、全発の生涯を通覧した後で考えることは、このような近代沖縄に生きたその生涯が、かくもこのように近代沖縄の歴史に深く翻弄されその中を生き抜いたという姿である。それは、近代沖縄の文明化や同化の道程に対する軋轢《あつれき》、近代日本の国家や民族観との相克、経済不況による沖縄からの離散の状況、悲劇的な沖縄戦の惨状、米軍占領下の沖縄統治という、その近現代沖縄の歴史を生きた彼の激動の軌跡に対する驚きでもあった。つまり、ごく一般的な沖縄人の生きた近代沖縄の軌跡が、このような激動の歴史を生き抜かざるをえなかったという事実への再認識である。さらにくわえて、あらためて突きつけられたのは、かくもこのような近代沖縄の歴史に深く翻弄された島袋全発の生涯から、いったい私たちは何を学ぶべきであろうか、という問いであった。本書をまとめた後に、そのような驚きと問いが、沖縄の現在を生きる私にとって、大きな重い課題として沈潜している。

本書をまとめるにあたり、そのきっかけを与えてくれたのは、人物史を中心として沖縄近代思想史を開拓し、その沃野《よくや》に慫慂《しょうよう》していただいた比屋根照夫先生である。同じく論文や著作を通じて、沖縄学の群像をとらえる視点と対象に「立ち添い」叙述する態度を学ばせていただいた鹿野政直先生である。両先生の学恩に対し、小著が拙い成果に過ぎないことを自覚しつつも、深く感謝の言葉を申し述べたい。また、伊佐眞一氏をはじめとする沖縄近代史研究の友人たちの議論からも多くの刺激を受けた。さらに、全発に関する私の報告に対して、ゼミを通して幅広い柔軟な視点をご教示いただいた有馬学先生、文献資料の便宜や研究会での議論を通して多くの示唆をいただいた石田正治先生、幅広い資料精査とともに実証分析の重要性をご教示いただいた故花田俊典先生にもお礼を申し上げたい。

本書の校正では、沖縄大学非常勤講師の我部聖氏にお世話になった。

編集者の永田伸さんが、私の小さな研究室を訪ねてきて、この話をいただいてから数年の年月がたったが、永田さんの丁寧な編集で本書が刊行されたことに謝意を表したい。

この小著は、私の学部学生時代に、沖縄と河上肇《かわかみはじめ》舌禍事件を論じるなかで近代沖縄における「エスニック・マイノリティー」という視点の重要性をいち早く示唆してくださった故玉野井芳郎先生に対する、長い時間を要したが私のささやかな応答でもある。

二〇〇九年十一月

屋嘉比　収

主要参考文献

島袋全発遺稿刊行会編『島袋全発著作集』おきなわ社、一九五六年
島袋全発『沖縄童謡集』東洋文庫、平凡社、一九七二年
島袋全発『那覇変遷記』沖縄タイムス社、一九七八年
『九年母』九年母短歌会、一九五四年
比屋根照夫・伊佐眞一編『太田朝敷選集　全三巻』第一書房、一九九三〜一九九六年
伊佐眞一編・解説『謝花昇集』みすず書房、一九九八年
『伊波普猷全集　全十一巻』平凡社、一九七四〜一九七六年
『東恩納寛惇全集　全十巻』第一書房、一九七八〜一九八二年
『真境名安興全集　全四巻』琉球新報社、一九九三年
『比嘉春潮全集　全五巻』沖縄タイムス社、一九七一〜一九七三年
比屋根照夫『近代日本と伊波普猷』三一書房、一九八一年
比屋根照夫『自由民権思想と沖縄』研文出版、一九八二年
比屋根照夫『アジアへの架橋』沖縄タイムス社、一九九四年
比屋根照夫『近代沖縄の精神史』社会評論社、一九九六年
比屋根照夫『戦後沖縄の精神と思想』明石書店、二〇〇九年

安良城盛昭『新・沖縄史論』沖縄タイムス社、一九八〇年
鹿野政直『沖縄の淵』岩波書店、一九九三年
鹿野政直『化生する歴史学』校倉書房、一九九八年
鹿野政直『鹿野政直思想史論集　第四巻』岩波書店、二〇〇八年
住谷一彦『日本の意識』岩波書店、一九八二年
新川　明『琉球処分以後　上下』朝日新聞社、一九八一年
仲程昌徳『沖縄近代詩史研究』新泉社、一九八六年
仲程昌徳『伊波月城』リブロポート、一九八八年
仲程昌徳『琉書探求』新泉社、一九九〇年
仲程昌徳『新青年たちの文学』ニライ社、一九九四年
高良倉吉『沖縄歴史論序説』三一書房、一九八〇年
石田正治『沖縄の言論人　太田朝敷』彩流社、二〇〇一年
演劇「人類館」上演を実現させたい会編『人類館』アットワークス、二〇〇五年
高嶺朝光『新聞五十年』沖縄タイムス社、一九七三年
西原文雄『沖縄近代経済史の方法』ひるぎ社、一九九一年
新崎盛暉編『沖縄現代史への証言』沖縄タイムス社、一九八二年
嘉陽安春『沖縄民政府』久米書房、一九八六年
真久田巧『戦後沖縄の新聞人』沖縄タイムス社、一九九九年

川平朝申『終戦後の沖縄文化行政史』月刊沖縄社、一九九七年
『辺野古誌』辺野古誌編集委員会、一九九九年
沖縄県遺族連合会編『還らぬ人とともに』一九八二年
劉 香織『断髪―近代アジアの文化衝突』朝日新聞社、一九九〇年
琉球新報社編『新琉球史近世編上』琉球新報社、一九八九年
安田保雄『上田敏研究』有精堂出版、一九七七年
吉見俊哉『博覧会の政治学』中央公論社、一九九二年
坂元ひろ子『中国民族主義の神話』岩波書店、二〇〇四年
松田京子『帝国の視線』吉川弘文館、二〇〇三年
牟田和恵『戦略としての家族』新曜社、一九九六年
松本三之介『明治思想史』新曜社、一九九六年
有馬 学『「国際化」の中の帝国日本』中央公論社、一九九九年
赤澤史郎・北河賢三編『文化とファシズム』日本経済評論社、一九九三年
米谷匡史『アジア/日本』岩波書店、二〇〇六年
佐々木英昭『乃木希典』ミネルヴァ書房、二〇〇五年
稲葉宏雄『近代日本の教育』世界評論社、二〇〇四年
『京都大学百年史・総説編』京都大学百年史編集委員会、一九九八年
伊藤孝夫『滝川幸辰』ミネルヴァ書房、二〇〇三年

新田義之『沢柳政太郎』ミネルヴァ書房、二〇〇六年
松尾尊兊『滝川事件』岩波書店、二〇〇五年
内海愛子、他編『朝鮮人差別とことば』明石書店、一九八六年
山住正己『子どもの歌を語る』岩波書店、一九九四年
ジョージ・オーウェル／小野寺健編訳『オーウェル評論集』岩波書店、一九八二年
マウリツィオ・ヴィローリ『パトリオティズムとナショナリズム』日本経済評論社、二〇〇七年

島袋全発略年譜

・一八八八（明治二十一）年　誕生

五月二十八日、父全種、母マカトの長男として、那覇西村（現・那覇市西本町）にて出生。弟に全幸（旧制中学、新制高等学校教員）がいる。一八七九（明治十二）年の琉球処分以降、教育分野では日本への同化政策のためいち早く近代的施策が執行されるが、一八八〇年代以降に生まれた世代はその日本語教育を受けた最初の世代にあたり、明治後期の「新旧思想の衝突」期には「新人」世代のオピニオン・リーダーとして活躍した（仲程昌徳『新青年たちの文学』）。全発も、その一人として位置付けられる。

・一八九三（明治二十六）年、一八九四（明治二十七）年　六、七歳

那覇小学校に入学。入学年度については二通りの記述があり、九三年か、九四年か定かではない。富名腰年譜によると、全発は祖父全宜に伴なわれて学校に行くことを好み、教室の窓外から授業をみて学業を覚え、教師の認めるところとなって入学を許されたという。九五（明治二十八）年日清戦争での日本の勝利により沖縄でも断髪励行が広がるが、カタカシラの結髪をしていた全発も小学校三、四年のとき、学校で教師により断髪を執行された。当時の那覇では悲哀を伴なったさまざまな「断髪物語」が発生した。

・一九〇一（明治三十四）年　十三歳

十三歳で尋常高等科二年を終了し、沖縄県立中学校へ入学。中学四年生頃（十六、七歳）に詩歌に関心を寄せるようになり、与謝野鉄幹・晶子夫妻の『明星』に魅せられ、同級生の漢那浪笛、山田有幹らと文学グループを

結成し、『新星』（『大星』という記述もあって確定していない）という同人誌を発行する。以後、とくに短歌の創作は、その後の全発の人生にとって、生きる糧となった。歌人・濤韻や西幸夫（後に筆名として使用）は、文字どおり郷土史家・島袋全発の半身となる。

・一九〇三（明治三十六）年　十五歳

大阪天王寺で開催された第五回内国勧業博覧会で会場外隣接施設において民間業者により「学術人類館」が付設され、人間動物園としてアジア地域の少数民族の一つに「琉球婦人」が展示陳列される事件が起こる。それを取材した『琉球新報』の記事が掲載されると、沖縄で反発や批判が起こり大きな問題となる。

・一九〇五（明治三十八）年　十七歳

沖縄県立中学校を卒業。同級生には、作家の山城正忠がいた。

同年夏に上京し、一時早稲田大学に在学。約二年弱ほど東京に滞在。同期で文学グループの親しい仲間であった伊波普猷の弟・普助を介して、当時帝大生であった兄弟の普猷と青山学院大学学生の月城（普成）を紹介してもらい終生親しくなる。東京時代もロマン主義的な詩歌に深く傾倒し、上田敏が編集する雑誌第二次『藝苑』に六編の詩歌を発表している。

・一九〇七（明治四十）年　十九歳

東京から鹿児島に移り、第七高等学校造士館に入学。七高文芸雑誌で活躍し、「綾雲匂う桜島、月影清き薩摩藩」で始まる七高寮歌を作詞する。

七高在学中、若狭町の旧家謝花寛顕の長女カメとの永い婚約を終えて結婚。夫人は弟妹を護って沖縄に残り、全発は嘱望を担って学業にいそしむという別居の結婚であった。七高時代は学業に励むとともに部活では端艇部に入り、青春を謳歌する。伊波普猷の紹介で『沖縄毎日新聞』に投稿する機会を得て、七高時代で三十編を超える随筆を投稿する。当時、その原稿料で夫人に贈り物をおくったという逸話が残っている。

・一九〇八（明治四十一）年　二十歳
沖縄に帰省したおり、伊波普猷や月城らと「球陽文芸界」を結成し、発会式で「自然主義に就て」という表題の講演をする。

・一九〇九（明治四十二）年　二十一歳
『琉球新報』に掲載された「総体に於て沖縄人は帝国民と知育に於て頗る劣等なり」とする前県属の瀧口文夫談話に対して、「沖縄人は果して智育劣等なりや」という反論を投稿する。

・一九一〇（明治四十三）年　二十二歳
京都帝国大学法科大学に入学。大学在学中、出身地の那覇西村から育英資金を贈られる。

在学中に地元新聞に投稿した原稿は、沖縄社会に対する批評、郷土史に関する論文、精神世界の内省に関する文章など数十篇を超えており、大学在学中の投稿は質量ともにもっとも豊かで多彩であった。

・一九一一（明治四十四）年　二十三歳
京都帝国大学の河上肇が地割制度や糸満漁民の夫婦別会計の調査のために来沖したおり、県教育会の要請で行われた講演「新時代来る」が物議をかもし、「河上肇舌禍事件」が起こる。背景には、日清・日露戦争以後に忠君愛国と国家主義を強力に推進し同化政策を急ぐ沖縄県教育会の主張があり、河上の講演は、県教育会の考えに相反する内容だったため聴衆が反発し問題となった。河上は誤解を解くため、再度「矛盾と調和」という講演をしたが、反発や非難は収まらず、急遽日程を繰り上げて帰郷することになった。さらに同問題は、同講演を非難した『琉球新報』と河上を擁護した『沖縄毎日新聞』の論調との違いとして展開していった。

・一九一二（明治四十五・大正元）年　二十四歳

明治天皇の柩出棺の号砲とともに陸軍大将乃木希典・静子夫妻が自決する。その「乃木殉死事件」に対して多くの論評がなされるなか、京都帝国大学教授・谷本富の筆禍事件が起こる。全発も同事件について地元紙に、「乃木将軍の自殺に就いて」など二つの文章を投稿する。

・一九一三（大正二）年　二十五歳

京都帝国大学総長に沢柳政太郎が就任し、教授会の同意を得ることなく谷本富を含む七人の教授・助教授を罷免した「京都大学・沢柳事件」が起こる。同事件は文部省と京都帝国大学との抗争となり、京都帝国大学法科大学自治の問題に展開する。在学生だった全発も、大学自治を擁護する立場から、自治問題に関する学生大会やデモに積極的に参加した。また、地元紙に「京都法科大学自治問題側面観」という表題のほか数編の文章を投稿する。

この頃、思想を自由に議論するというキリスト者を中心とした沖縄の青年グループ「エヌエム会」と、琉球をとらえる認識枠組みや思想、宗教問題について論争を交す。その後、人生問題で煩悶し、自殺まで考えるようになるが、苦悩の果てに自らの力で立ち直る。

・一九一四（大正三）年　二十六歳
京都帝国大学法科大学を卒業。卒業後一時、日之出生命保険会社に入社するが、三ヶ月で退職。

・一九一五（大正四）年　二十七歳
四月に帰郷し、『沖縄毎日新聞』の記者となる。社友懇親会に社友の伊波普猷らとともに、会社側の一員として月城らと参加する。その後、新聞社から那覇区役所書記に転じる。

・一九一七（大正六）年、一九一八（大正七）年　二十九、三十歳
那覇区総務課長となるが、「那覇区助役問題」と「選挙法違反事件」に巻き込まれ、区職員を辞任する。その後政治行政から離れ、那覇区立商業学校の専任教諭となり、国漢を担当し野球部の部長などを務める。

・一九二一（大正十）年　三十三歳
柳田国男が海南小記の旅で沖縄本島、宮古、八重山を訪れ、伊波普猷をはじめ沖縄研究者に多くの影響を与える。柳田の影響により沖縄で「南島研究」の機運が高まる。翌年、東京で柳田主宰により在京沖縄出身者を中心に「南島談話会」が設立される。同年沖縄でも、真境名安興ら教員を中心に「沖縄史蹟保存会」が設立され、史蹟碑文の建立活動が推進される。

・一九二三（大正十二）年　三十五歳
八月に那覇市立実科高等女学校の校長に就任し、女子教育への第一歩を踏み出す。当時の本県教育に関するアンケートに対して、全発は「女子教育に従事すると否とに拘らず、女性を無視したり蔑視したりしたくない」

「学校を適当に社会化させたい。社会を適当に学校化させたい」と回答する。その回答通り、女学校では「婦人問題に理解ある人士」を招き講演会を多く開催する。

・一九二四（大正十三）年　　三十六歳

五月、満州地方の奉天で開催された全国高等女学校校長会議に参加して、満州と朝鮮の視察旅行を行う。その旅行記で、当時の満州開発が満州人種によるものではなく、彼らは蒙古方面に駆逐され、漢人種や日本人の「移住」によって行われている理不尽さについて指摘する。また、旅順など戦跡を見て、「吾々が生まれてから半世紀もたたない間に、これだけ戦争の方法と規模において変遷するならば、将来もしありとすれば戦争の悲惨さはどれだけ増加するだろうか」との危惧を述べる。

その後も、那覇市立高等女学校、県立第二高等女学校の各校長を歴任し、女子教育に深く携わっていく。そのかたわら、中断していた郷土研究を本格的に進めるようになる。

大正十三年に友人の末吉安恭・麦門冬の突然の死、翌年の沖縄研究の先達・伊波普猷の上京は、沖縄の中で郷土研究に携わる全発にとって大きな転機となった。

・一九二六（大正十五、昭和元）年、一九二七（昭和二）年　　三十八、九歳

ロシア・レニングラード大学の博物館館長ピーター・シュミットが来沖し、独自の自然文化を有する沖縄での博物館設置の重要性と郷土研究協会設立の必要性を訴える。それを受け、沖縄教育会が提唱し太田朝敷らによって「沖縄郷土研究会」が設立され、全発も会員となる。

それと並行して、全発は純学術組織として真境名安興らと昭和二年に「南島研究会」を設立し、翌年二月機関誌『南島研究』を創刊する。同誌は五号まで刊行され、財政難により休刊にいたるが、同人との親交は継続する。

・一九三〇（昭和五）年　四十二歳
南島研究会同人の協力を得て、『那覇変遷記』を発刊。

・一九三一（昭和六）年、一九三二（昭和七）年　四十三、四歳
二年にわたり「郷土研究座談会」を組織し参加する。それと並行して自宅で若い世代を中心に「おもろさうし」の研究会を始め、「新おもろ学派」を組織する。展読法という新たなオモロ解釈を提起し、オモロ研究の先達である伊波普猷の解釈に疑義を呈する。同メンバーには全発を中心に、比嘉盛章、世礼国男、阿波根朝松、宮里栄輝、渡口政興、大湾政和、上里忠宣、宮城真治らがいた。

・一九三三（昭和八）年　四十五歳
『中山世鑑』を校訂し謄写版刷りで出版。宮里栄輝校訂による『球陽』に訓点を施し刊行する。また、史資料の収集に力を注ぎ、沖縄県初等教育研究会の決議を受け、その代表陳情委員として尚家に「郷土文献公開に関する陳情書」を提出したり、『歴代宝案』の県立図書館移管の依頼を受け、久米村の天尊廟内事務所に所有者の幹部を訪ね、同書の図書館移管に重要な役割を果たし、多くの貢献を成す。

・一九三四（昭和九）年　四十六歳
琉球諸島の郷土の童話と童謡百四十余編を整理分析し、『沖縄童謡集』を発刊。

・一九三五（昭和十）年～一九三七（昭和十二）年　四十七～四十九歳
七月、伊波普猷、真境名安興の後を受けて第三代目の沖縄県立図書館長に就任する。全発は、図書館を文献や

史資料の収集保存と整理だけでなく、社会教育の付帯施設として講習会や展覧会を通じて郷土文化の重要性を訴え、県民への啓蒙のため積極的に社会へと関わっていった。その頃、一般県民の沖縄文化認識を深めるため「沖縄文化探勝会」を組織して、首里・那覇近郊の建築物探勝巡りを行う。また、友人の島袋源一郎とともに、沖縄本島の国頭、中頭、島尻地区を複数回にわたって調査旅行を実施した。

昭和十一年には、郷土文化の保存と那覇市街地の美観保護の観点から、久茂地川改修工事にともなう旧泉崎橋解体新造計画に反対する文章を新聞に投稿する。

翌年には、伊波普猷還暦記念の『南島論叢』の編集委員長として尽力した。

・一九三八（昭和十三）年、一九三九（昭和十四）年　五十、一歳

竹柏会「心の花」に入会し、短歌雑誌『心の花』に投稿する。同誌に、全発、西幸夫の筆名で昭和十三年十月号から十五年五月号まで十八回にわたって、計七十九首が掲載される。

第二十四代沖縄県知事として淵上房太郎が就任する。淵上知事は、戦時下の国民総動員体制を背景にして、官公吏の綱紀粛正を名目に辻遊郭の改革を始め、琉装や琉髪、言葉、墓などの沖縄の伝統的風俗や文化を撲滅する施策を推進させた。

・一九四〇（昭和十五）年　五十二歳

国民精神総動員運動の一環として「標準語励行運動」を推進していた沖縄県と、来沖中の柳宗悦らの日本民芸協会との間で「沖縄方言論争」が起こる。方言論争で方言を保護すべきだとする柳宗悦の所論に同調したため、標準語励行運動を積極的に推進していた淵上知事の逆鱗に触れ、県立図書館長を罷免される。退職後は、私立開南中学校の教員となる。

・一九四一（昭和十六）年、一九四二（昭和十七）年　五十三、四歳

大政翼賛会沖縄県支部文化委員会委員に就任する。翼賛文化運動に協力するため地方文化の建設を目指した「沖縄地方文化連盟」に参加し、沖縄文化協会の幹事となる。

昭和十七年三月、沖縄郷土協会の副会長に就任する。同年六月、「翼賛選挙」の一環として行われた那覇市会議員選挙に、泊区先輩の強い慫慂により立候補し当選する。

・一九四三（昭和十八）年、一九四四（昭和十九）年　五十五、六歳

開南中学校生の学徒出陣の壮行会に立ち会い、教え子を見送る。

昭和十九年八月、集団疎開学童を乗せた対馬丸が米軍潜水艦の攻撃を受けて、乗船していたわが子・全二郎を失う。全二郎の死という大きな衝撃と深い失意の念により、精神的にも肉体的にも急に老いを感じさせるようになる。

・一九四五（昭和二十）年　五十七歳

沖縄戦が激しくなり、夫人とともに沖縄本島北部の国頭郡久志に疎開する。疎開先で英語が話せるというだけで、何の根拠のないまま護郷隊に通報されスパイ嫌疑にかけられ、暴力による自白を強要される。処刑場へ強制され移動する過程で、郷土史家の全発夫婦だと名乗り、急遽釈放されるという九死に一生を得る体験をする。

その後、米軍の捕虜となり山中から下山し、金武村中川の銀原収容所に収容される。生活が落ち着くと、収容所内で開校した中川小学校教頭に請われ就任する。

八月十五日、各収容所の住民代表として第一回仮諮詢会に出席し、無条件降伏による戦争終結を告げた玉音放送を聞く。その後、ガリ版刷り教科書編集などに携わる。

・一九四六（昭和二十一）年、一九四七（昭和二十二）年　五十八、九歳
四月、沖縄民政府が発足し、志喜屋孝信知事の要請により官房長に就任する。敗戦後の米軍占領下の状況で、沖縄をいかに復興させていくかが大きな課題であった。そのさい、琉球史で郷土復興を為した尚貞・向象賢時代、その後の尚敬・蔡温時代が歴史的先例として話題となり、その解釈で東恩納寛惇との間で論争となる。

・一九四九（昭和二十四）年　六十一歳
十月、沖縄史蹟保存会常任委員に就任する。
十二月、沖縄民政府の機構改革により、商工部長となる。

・一九五〇（昭和二十五）年　六十二歳
十一月、沖縄群島政府の発足を機に退官する。那覇市誌編集事務嘱託に就任。

・一九五一（昭和二十六）年　六十三歳
八月、池宮城秀意の退職により、社長・又吉康和の依頼で『琉球新報』の編集局長兼主筆となる。同じく『琉球新報』「琉球歌壇」の選者となる。

・一九五二（昭和二十七）年　六十四歳
二月、全琉遺家族会初代会長となり、日本政府に対し、琉球の遺家族にも援護法適用と援護措置を講ずること、対馬丸遭難学童を準軍属として処遇することを要請する。

十月、沖縄史蹟保存会の拡大として設立された琉球文化財保護会の会長に就任する。また、琉球大学講師に就

任し琉球史沿革、琉球教育史を担当する。戦後の全発の活動は、戦前の反省を踏まえて二つの課題である「平和」と「郷土文化振興」に力を注いだ。

・一九五三（昭和二十八）年　六十五歳

十一月二十三日、臥床三ヶ月をへて肝臓ガンで死去。

参考資料

・富名腰尚友編「島袋全発年譜」（島袋全発遺稿刊行会編『島袋全発著作集』おきなわ社、一九五六年）。
・島袋全幸編「島袋全発略年譜」（島袋全発『沖縄童謡集』東洋文庫、平凡社、一九七二年）。

著者紹介

一九五七年、沖縄に生まれる
一九九八年、九州大学大学院比較社会文化研
　究科博士課程単位取得退学
現在、沖縄大学法経学部准教授
主要著書
沖縄戦、米軍占領史を学びなおす

歴史文化ライブラリー
292

〈近代沖縄〉の知識人
島袋全発の軌跡

二〇一〇年（平成二十二）三月一日　第一刷発行

著　者　屋《や》嘉《か》比《び》収《おさむ》
発行者　前田求恭
発行所　株式会社　吉川弘文館
東京都文京区本郷七丁目二番八号
郵便番号一一三―〇〇三三
電話〇三―三八一三―九一五一〈代表〉
振替口座〇〇一〇〇―五―二四四
http://www.yoshikawa-k.co.jp/
印刷＝株式会社 平文社
製本＝ナショナル製本協同組合
装幀＝清水良洋・星野槙子

歴史文化ライブラリー

1996.10

刊行のことば

現今の日本および国際社会は、さまざまな面で大変動の時代を迎えておりますが、近づきつつある二十一世紀は人類史の到達点として、物質的な繁栄のみならず文化や自然・社会環境を謳歌できる平和な社会でなければなりません。しかしながら高度成長・技術革新にともなう急激な変貌は「自己本位な刹那主義」の風潮を生みだし、先人が築いてきた歴史や文化に学ぶ余裕もなく、いまだ明るい人類の将来が展望できていないようにも見えます。このような状況を踏まえ、よりよい二十一世紀社会を築くために、人類誕生から現在に至る「人類の遺産・教訓」としてのあらゆる分野の歴史と文化を「歴史文化ライブラリー」として刊行することといたしました。

小社は、安政四年(一八五七)の創業以来、一貫して歴史学を中心とした専門出版社として書籍を刊行しつづけてまいりました。その経験を生かし、学問成果にもとづいた本叢書を刊行し社会的要請に応えて行きたいと考えております。

現代は、マスメディアが発達した高度情報化社会といわれますが、私どもはあくまでも活字を主体とした出版こそ、ものの本質を考える基礎と信じ、本叢書をとおして社会に訴えてまいりたいと思います。これから生まれでる一冊一冊が、それぞれの読者を知的冒険の旅へと誘い、希望に満ちた人類の未来を構築する糧となれば幸いです。

吉川弘文館

〈オンデマンド版〉
〈近代沖縄〉の知識人
島袋全発の軌跡

歴史文化ライブラリー
292

2019年（令和元）9月1日　発行

著　者　屋《や》嘉《か》比《び》　収《おさむ》
発行者　吉 川 道 郎
発行所　株式会社　吉川弘文館
〒113-0033　東京都文京区本郷7丁目2番8号
TEL　03-3813-9151〈代表〉
URL　http://www.yoshikawa-k.co.jp/

印刷・製本　大日本印刷株式会社
装　幀　清水良洋・宮崎萌美

屋嘉比　収（1957～2010）

ISBN978-4-642-75692-1